VON DER

# INCARNATION

DES

## GÖTTLICHEN WORTES.

---

VON

# EDUARD BÖHL

DOCTOR DER PHILOSOPHIE UND THEOLOGIE, O. Ö. PROFESSOR AN DER K. K. EVANGELISCH-
THEOLOGISCHEN FACULTÄT IN WIEN.

zuvor veröffentlicht von:

## WIEN 1884.

VERLAG VON GEORG PAUL FAESY

I. GOLDSCHMIEDGASSE 11.

ISBN: 978 90 5719 400 9
Importantia Scan & Print
www.importantia.de

# VORWORT.

Das Grundübel der neueren Christologie besteht darin, dass sie durch irrige Darstellung der Person Jesu Christi dem Geheimniss der Stellvertretung allen Boden entzieht. Die neueren Theologen verkürzen entweder die göttliche Natur des Heilands und meinen dadurch die menschliche zu retten, ihr eine Entwicklung zu sichern; oder sie verkürzen beide Naturen und lassen eine Fusion beider eintreten, aus der dann eine gottmenschliche Person hervorgeht, die an der Gottheit schliesslich doch keinen anderen, als graduell von uns verschiedenen Antheil hat und hinsichtlich der Menschheit in Folge jener Verschmelzung einen so gewaltigen Vorsprung vor uns hat, dass man nur seine Armuth, aber kein Vertrauen solcher Person des Heilands gegenüber fühlt.

Wenn man nun mit dem Rationalismus den ersten Weg betritt, die göttliche Natur verkürzt, und statt ihrer ein blosses Wohnen Gottes in Christo annimmt, um also eine Entwicklung der menschlichen Natur sich zu wahren, so fehlt jeder Anknüpfungspunkt für die Stellvertretung. Christus ist nicht mehr λύτρον ἀντὶ πολλῶν (Matth. 20, 28), sein Blutvergiessen nicht mehr ein solches, das ὑπὲρ πολλῶν geschehen ist (Luc. 22, 20).

Dieser Erlöser hat genug mit sich selbst zu thun, um für uns gewirkt und gelitten zu haben, gestorben und auferstanden sein zu können.

Wenn man aber mit den neueren Vermittlungstheologen[1]), als deren neuesten Vertreter wir Dorner nennen, beide Naturen in ihrer Wahrheit verkürzt und aus der Fusion beider eine neue Person, die gottmenschliche, oder den Gottmenschen, producirt werden lässt, so hat man zu den schon vorhandenen Geheimnissen in der Theologie noch ein neues! Und dabei ist es ein wunderliches Begehren, von einem Christus, der auf solche Weise — durch die Experimente der Dogmatiker — alchymistisch aus gewissen Daten zusammengeronnen ist, noch irgend eine Wirkung auf das Menschengeschlecht zu erwarten. Von einer Stellvertretung, von einer solchen Genugthuung, wonach nun nicht weiter an uns, die Sünder, Forderungen von Gott gestellt werden können — denn der Erlöser hat diese Forderungen zu einemmal erfüllt — kann nicht weiter die Rede sein.

Von einer Stellvertretung, von Versöhnung und Genugthuung kann nur dann die Rede sein, wenn wir bei dem Geheimniss der Incarnation oder Fleischwerdung des Logos stehen bleiben und zu dem zweiten Glaubensartikel, sowie dessen Auslegung im nicenischen, ephesinischen und chalcedonischen Glaubensbekenntniss, zurückkehrend immer auf's neue bemüht sind, den innersten Saft dieser Lehre auszudrücken.

Bei der Lectüre aller neueren Werke über die Versöhnung und den Versöhner, über die Sündlosigkeit Jesu, bei dem Durchgehen der einschlägigen Paragraphe der neueren Dogmatik, tritt uns ein Charakteristicum vor Allem entgegen: das der absoluten Unfruchtbarkeit dieses Christus für die christliche Gemeinde, für den Lebens- und Sterbenstrost!

Was soll uns ein Heiland nützen, wie ihn uns z. B. Ullmann in der Sündlosigkeit Jesu zeichnet? Also ein Ideal, ein Normalmensch, ein Wunderwesen — ein Unicum — vor dem

---

[1]) So nennen wir diejenigen Theologen, die den alten Wein zwar wollen, aber in den neuen Schläuchen der Wissenschaft ihres Jahrhunderts.

man das Antlitz mit den Händen bedeckt, aber kein Sünder-
heiland! Solch ein Jesus hat die absolute Impotenz auf seinem
Gesicht geschrieben; in einer gewissen, zwischen Trauer und
Freude schwebenden Stimmung — Wehmuth nennen es die
Theologen der Neuzeit — geht er dahin; ein wahres Muster-
bild, in der Ausstellung berühmter Männer gewiss zum ersten
Platz berechtigt, aber in einer solchen Weise uns fremd, dass
man unwillkürlich fragt, wie das Gehirn wohl aussieht, dem solch
ein sündloser Jesus entsprungen ist. Der Dorner'sche Christus
ist aber in der That nicht besser. Er ist ein noch grösseres
Unicum als derjenige Ullmann's, den man vor 30 Jahren den
Studenten als Panacee anpries. Der Christus Dorner's ist ein
solches Monstrum, dass man von vornherein absteht, sich mit
seiner Grösse zu messen. Aber das soll man denn auch gar
nicht; so gut alt-rationalistisch ist die Sache nicht gemeint. Man
soll staunen! Erstlich über den Scharfsinn eines solchen Theologen; zweitens auch über den Christus selbst, der die ἀκμή
alles Göttlichen und Menschlichen der Anlage nach in sich
vereint und durch einen Process hindurch zur Realisirung in
der Person des Gottmenschen gelangen lässt[1]). Wem nach der
Lectüre des zweiten Theiles der Christlichen Glaubenslehre
Dorner's der Athem noch nicht ausgegangen ist, der kommt
zu der Ueberzeugung, dass wir es weit gebracht haben. Auf
brüchigem Unterbau, dem der christlich-trinitarische und alt-
christologische Baustoff abgeht, hat Dorner durch die Kunst
seiner Rede einen Gottmenschen aufgeführt, an den allem
Anschein nach keiner der pia desideria, die die Christenheit
an den Erlöser stellen möchte, vergeblich gestellt wird. Man
hat hier für Alles eine Lösung — vom Glauben an ihn, von
Versöhnung, Genugthuung, Rechtfertigung, von Allem ist die
Rede. Aber wenn man genauer zusieht, ist Alles anders, wie

---

[1]) Christl. Glaubenslehre II, 1, S. 431.

in der reformatorischen und biblisch-apostolischen Lehre[1]). Der Schein ist gewahrt, als ob noch eine Identität der Substanz der Lehre bestünde und nur in Accidentien Unterschied wäre — aber es ist blosser Schein. Alles ist gründlich anders geworden, und wir umarmen eine Wolke, wenn wir uns hingebend diesen Paragraphen und ihrem Phrasenbilde überlassen. Die Theologie muss wirklich umkehren und ihren bisherigen Führern Valet sagen. Auch sollte man sich nicht länger durch die grosse Reverenz, welche diese Neueren vor der Person Christi zur Schau tragen, irre machen lassen. Die sogenannte christocentrische Betrachtungsweise, welche sie in die Theologie eingeführt haben wollen, ist theuer erkauft — nämlich um den Preis, dass alle alten Definitionen der altkirchlichen und reformatorischen Zeit aufgegeben und gegen solche nach modernem Zuschnitt vertauscht sind.

An dem Beispiel der Fleischwerdung des Wortes wollen wir nun zeigen, inwiefern die Theologie in die alten Spuren wieder einzulenken hat, ohne doch blos zu repristiniren, sondern wirklich so, dass sie alte Wahrheit in neuer Weise der nach Brot des Lebens hungrigen Gemeinde mittheilt! — Es ist das Jahr, in dem man Luther's vierhundertjährigen Geburtstag feiert. Man ist allseitig in der evangelischen Kirche beschäftigt, den Geist von Wittenberg aufzurufen — aber wenn dieser Geist einmal erscheinen und Umschau halten würde — welches Quos ego! würde aus jenem gewaltigen Munde erschallen, welch ein Zorngericht ergehen über Alle, die sich nach seinem

---

[1]) Thl. II, 2, 627 heisst es z. B.: „Das ist die Bedeutung des Glaubens an ihn (den Erlöser), des einzigen Weges, wie eine böse subjective Lebensrichtung gleichsam versenkt werden kann in eine heilige Tiefe schöpferisch waltender Lebenskräfte, in die Liebe Dessen, der, zur menschlichen Gattung gehörig und ihre Kraft in sich concentrirend, mächtig ist, uns zu heilen und ein neues Leben in uns zu stiften" etc. Dies ist echt quäckerisch gedacht, wenn auch etwas anders ausgedrückt.

Namen noch etwa nennen, aber von seinem Wort nur etliche, von seinem Geiste gar keine Spuren an sich tragen. Ja, wahrlich, sie ermangeln Alle des Saftes und der Kraft dieses Mannes, der wie Keiner auch von dem Geheimniss der Fleischwerdung des Wortes geredet hat, und dies Geheimniss besonders in seiner Auslegung des Briefes an die Galater (s. unseren Anhang) und seiner Psalmenauslegung tief und zum Besten der Gemeinde ergründet hat.

October 1883.

# ABSCHNITT I.

## Der Status controversiae.

Ritschl in seinem Werke: Die christliche Lehre von der Rechtfertigung und der Versöhnung III, S. 342 (1. Ausg.), macht die Bemerkung, dass die unter dem Einfluss der neueren Orthodoxie herangewachsene Generation weniger positiv und kirchlich gesinnt ist, als die frühere. Er meint, dies habe seinen Grund darin, dass die „naturalistische Auffassung des Christenthums", welche seit zwei Jahrhunderten immer grössere Dimensionen angenommen habe, nicht genügend durch das Stehenbleiben bei der kirchlichen Ueberlieferung aufgewogen werde. Er meint demnach, dass die blos traditionelle Gläubigkeit, die seit 1850 wieder herrschend und in dem Jugendunterricht eingeprägt worden sein soll, sich als unkräftig erweise. Er verwirft also alle metaphysischen Distinctionen für die Lehre von Gott und von Christus und fängt dabei echt kantianisch von unten an; von dem Wirken des Dinges auf uns schliesst er auf die Art und die Eigenschaft dieses Dinges. Während also die christliche Dogmatik synthetisch zu Werke geht und mit der objectiv gegebenen Offenbarung anhebt, verfährt Ritschl analytisch und will vom Subject aus die Formeln construiren, welche sich die Person und das Werk Christi gefallen lassen müssen, wenn sie überhaupt noch Geltung haben wollen in der Gegenwart.

Es ist nun zuzugeben, dass das Ungenügende der orthodoxen Position auch hier, wie so oft, die Opposition hervorrief.

Ganz verkehrt und bei einem solchen Gelehrten unbegreiflich
ist es freilich, wenn Ritschl[1]) der reformirten Lehre andichtet,
sie habe bereits eine Kenosis gelehrt; d. h. der Logos habe,
um Mensch zu werden, die Fülle seiner göttlichen Eigenschaften, insbesondere die Beziehungen, in denen er als Schöpfer
und Herr zur Welt steht, aufgegeben. Ein Blick auf Calvin's
Institutio II, Cap. 13 am Schluss hätte Ritschl vom Gegentheil
belehren sollen. Es heisst hier: „Wenn auch das unermessliche
Wesen des Wortes mit der menschlichen Natur zu einer Person sich vereinigte, so ist das doch noch keine Einschliessung.
Auf eine wunderbare Weise kam der Sohn Gottes vom
Himmel herab, ohne jedoch den Himmel zu verlassen; auf eine
wunderbare Weise wollte er aus der Jungfrau geboren werden,
auf Erden wandeln und am Kreuze hangen, um immerdar die
Welt, wie von Anfang her, zu erfüllen." Wenn Ritschl
weiter docirt: Die alte lutherische Lehre befolgt die Rücksicht,
dass in der menschlichen Person Christi die Fülle der Gottheit
zur Offenbarung komme, obzwar die menschliche Natur dadurch
zum Träger aller göttlichen Eigenschaften werde, so ist hierbei
wiederum nicht beachtet, dass Luther gar wohl dafür gesorgt
hat, dass jene Lehrformel dem geschichtlichen Lebensbilde Jesu
Christi keinen Eintrag thue, sondern die wahre menschliche
Natur trotzdem zur Geltung komme. Man hat den Beweis
dafür in Dorner's Entwicklungsgeschichte der Person Christi,
2. Auflage, Band II, S. 543 bis 562 cf., Christl. Glaubenslehre II, 1,
S. 332, nur dass Dorner's Deutungen verfehlt sind, sofern sie
Luther auf den Dorner'schen Standpunkt hinüberzuziehen
suchen.

Ob es nun freilich einem Ritschl gelingt, diese mächtig
fluthenden Gedanken des grossen Reformators in die Maschen
seines Verstandesnetzes einzufangen, bezweifeln wir und dies
kann uns auch wenig kümmern. Aber vorhanden war bei
Luther wie auch bei Calvin das ernste Streben, die Vereinigung

---

[1]) A. a. O. S. 353, 354. Zweite Aufl. S. 377, 379.

beider Naturen in Christo energisch festzuhalten, ohne der Entwicklung, dem Versuchtwerden, dem Leiden und Sterben des Erlösers seine Wahrheit zu nehmen.

Wenn dann später anerkanntermassen die lutherische Theologie auf diesem von den Reformatoren gelegten Grunde nicht weiter baute, sondern ihre Kräfte meist in unfruchtbaren Definitionen und Streitigkeiten verzettelte, so ist dies zu beklagen. Weder die Lehre von der κρύψις (in Tübingen zu Anfang des XVII. Jahrhunderts), noch der κένωσις (in Giessen) hat in der Christologie der menschlichen Natur Jesu Christi zu einem für die Gemeinde fruchtbaren Leben verholfen. Man warf mit diesen Restrictionen dem Verstande einen Knochen hin und derselbe mochte nun an demselben herumnagen — die Frucht war gleich Null. In scheinbarer Fortbildung der reformatorischen Lehre, welche bei Luther auf eine wahre Vereinigung der göttlichen und menschlichen Natur in dem Logos hinzielte, soll durch jene κρύψις- und κένωσις-Lehre die Möglichkeit der geschichtlichen Anschauung für den Verstand gerettet werden; aber das Herz ging leer aus. Diese Lehrweisen werden beigetragen haben, dass man allmählich anfing, die göttlichen Eigenschaften als hinderlich für eine wahre menschliche Entwicklung des Erlösers zu betrachten und zunächst (im XVIII. Jahrhundert) den vollkommenen Besitz, endlich (im XIX. Jahrhundert) sie selbst fallen zu lassen. Das Ungenügende der orthodoxen Position rief die Opposition hervor.

Der Rationalismus betonte mit Vorliebe die menschlichen und zeitlichen Schranken, in denen das Leben Jesu verlaufen ist, und in dem Masse, als er dies that, kam ihm das Interesse an der göttlichen Natur ganz abhanden.

Man probirte es eben mit den zwei benannten Grössen, göttliche und menschliche Natur, und probirte so lange, bis die eine, die göttliche, ganz verschwand. Um die Anhaltspunkte im Neuen Testament war man bitter wenig bekümmert; wenn nur das Schema einer einheitlichen Lebensentwicklung ausgefüllt wurde: dann war man mit seinem Christus zufrieden und konnte sich ruhig schlafen legen.

Mit vielem Ernst hatten freilich Männer wie Comenius und Zinzendorf der wahren Menschheit des Erlösers gerecht zu werden gesucht, indem sie manches schöne Wort über dieselbe äusserten. Aber sie konnten das Rad des theologischen Gefährtes, das nun einmal dem Abgrund zurollte und zurollen musste, nicht mit Erfolg aufhalten. Comenius sagt z. B. (s. Leben des Comenius von Dr. H. v. Criegern, S. 150): „Es ging also bei Christus nicht ohne Kampf ab, nur dass immer der Geist siegte, also dass er alle Gerechtigkeit erfüllte und sich keine Ungerechtigkeit zu Schulden kommen liess. Und so ward sein Leib an ihm fortwährend gekreuzigt, während seines ganzen Lebens; am Kreuz ward der Kampf nur vollendet in der ganzen Tödtung des Leibes, des Verstandes, des Eigenwillens." Ebendaselbst: „Indem er bis auf den Grund Alles vernichtete, was er Eigenes haben konnte, und sich nun auf Gnade und Ungnade seinem Vater zu Füssen warf, indem er Alles that, was dieser befahl, Alles trug, was Er ihm auferlegte" etc.

In ähnlicher Weise äusserten sich Zinzendorf[1] und andere, abseits von den grossen Kirchen eigene Pfade sich bahnende Männer. Die Kirchen verstanden allmählich kaum mehr das Interesse, was solche Männer haben konnten, das Problem von der tieferen Vereinigung der göttlichen und menschlichen Natur auf's neue in Angriff zu nehmen und zur Lösung Bausteine herbeizutragen. Die Dogmatik überwog die Exegese, und man schlief im Zeitalter der todten Orthodoxie den Schlaf des Gerechten, während der Pietismus das wache Leben eines Fieberkranken führte, der wohl wusste, dass es ihm irgendwo fehle,

---

[1] Vergl. Zinzendorf, Περὶ ἑαυτοῦ, d. i. naturelle Reflexionen p. 97 f., und Schneckenburger, Zur kirchlichen Christologie, S. 200, 211. Zinzendorf streift in seinen wohlgemeinten erbaulichen Sätzen der Londoner Predigten an eine Metamorphose des Logos in einen natürlichen Menschen an. Siehe auch Plitt, Evangelische Glaubenslehre I, S. 376, der aber selbst in den Apollinarismus zurückfällt.

dem aber der rechte Arzt fehlte, bei welchem er alle seine Lasten, auch die Last der Werke, an der er so schwer trug, hätte niederlegen können.

Die neue Zeit brach an. Schleiermacher blies in's Horn; er warf sich in die Brust und wollte Allen Alles werden — aber freilich so, dass er dies Wort Pauli schrecklich carrikirte[1]). Christum wollte er erwecken von den Todten. Er bot Christo ein Asyl an in seinem frommen Gefühl. Er drehte jenes Wort: „Das that ich für Dich — was thust Du für mich?" factisch um und gab ihm die Wendung: „Das bin ich für Dich — was bist Du für mich?" Vom frommen Bewusstsein wird Christus neu geboren, warum nicht? — Für Schleiermacher war das Alles eine Kleinigkeit. Sein Gottesbegriff ist auch in seinem späteren Werke: „Der christliche Glaube" rein einer von Schleiermacher's Gnaden. Unter Gott soll nicht ein Object unseres gegenständlichen Bewusstseins verstanden sein, sondern nur eine Bestimmtheit unseres Gefühls. Das Geschichtliche ist, wie bei Kant, nur ein Symbol — eine Art Vorspann — um religiöse Gedanken unter die Leute zu bringen. Auch der Christus Schleiermacher's unterscheidet sich von demjenigen Kant's nur durch die grössere Pietät, womit Ersterer an der christlichen Ueberlieferung noch festhält. Man nennt dies eine glückliche Inconsequenz, dass Schleiermacher Christo noch so viel gelassen, als er ihm lässt. Auf ein persönliches Göttliche leistet er Verzicht. Schleiermacher geht (vergl. Der christliche Glaube, § 93 ff.) aus von der an sich selbst erfahrenen Heilskräftigkeit der erlösenden Thätigkeit Christi und postulirt nunmehr einen urbildlichen Charakter für die Erlöserperson, vermöge dessen diese den realisirten Begriff des Menschen, als des Subjects des Gottesbewusstseins, repräsentirt. Dabei erblickt er im Anfang des Lebens dieses Erlösers die vollendete Schöpfung der menschlichen Natur, ruhend auf einem schöpferischen Acte Gottes, ruhend auf einer unmittelbaren, zureichenden

---

[1]) Vergl. dafür z. B. R. Haym, Die romantische Schule, S. 417 bis 442.

Mittheilung des Geistes Gottes. Weiter vindicirt er diesem Erlöser eine rein menschliche Entwicklung des stetigen Ueberganges aus dem Zustande der reinsten Unschuld in den Zustand der geistigen Vollkräftigkeit und erklärt ihn für den einzigen Vermittler alles Seins Gottes in der Welt und aller Offenbarungen Gottes an die Welt. Bei diesem skeptischen Manne bleibt also ein sündloser Christus mit übermenschlicher Stellung gewahrt, der eine neue Schöpfung Gottes ist, und bei dessen Erzeugung Gott alles Unreine abgewehrt habe (§ 97). Das Element einer Reinigung des Zeugungsactes, bei dem hier beide Eltern thätig waren, findet sich also auch bei Schleiermacher. Genug: in Christo ist das aus der Endlichkeit uns befreiende Gottesbewusstsein einmal real geworden. Die Idee der Menschheit ist in einem bestimmten Individuum erschienen. Warum gerade in ihm, weshalb jetzt gerade, warum nicht lieber auf die Gesammtheit vertheilt, statt über ein Individuum ausgegossen, dies bleibt derselben autoritativen Willkür zu erklären überlassen, die Schleiermacher an den alten Concilien und ihren Formeln tadelt (s. § 170). Wir haben hier einen Christus, der in dem elastischen Rahmen der Schleiermacher'schen Gottes- und Weltanschauung untergebracht ist. Mit Recht hat Strauss dieses Trugbild als bare Inconsequenz verurtheilt. Gemäss dieser Umbildung des Christus der Evangelien sind nun auch alle mit der Christologie im engsten Zusammenhang stehenden Begriffe umgewandelt. Erlösung, Rechtfertigung, Heiligung — Alles hat einen anderen Inhalt. Der Mensch wird durch seine Lebensgemeinschaft mit dem Urbilde der Menschheit (Christo) ein Gegenstand des göttlichen Wohlgefallens (§ 104, 3). Verstand und Gefühl spielen bei Schleiermacher mit den wichtigsten Wahrheiten ein interessantes Ballspiel oder sie stimmen sich an einander, bis das innere Harmonium einen guten Klang gibt. Von dem Christus unserer Evangelien blieb auch kein Schatten mehr übrig.

Immerhin gelang es Schleiermacher, zu hoher Autorität zu gelangen. Leute wie Schneckenburger sahen in seiner

Christologie sogar keinen neuen Fund, sondern wie in der Begründung, so in der Ausführung sei sie nur der zeitgemässe Ausdruck des altreformirten Dogmas[1]). Dass der Beweis hierfür nur auf der Spitze ihrer Gänsekiele ruhte und mit der toll gewordenen Terminologie der neueren Philosophie geführt ward, das genirte die Theologen in jenem haltlos umhertastenden Zeitalter nicht, in dem man zu beweisen wusste, dass die Sonne aufgehe im Auge des Maulwurfs deshalb, weil sie auch hier wahrnehmbar sei, oder dass das Unendliche vom Endlichen sich müsse sein Dasein garantiren lassen. Aber zu einer rechten Freudigkeit brachte man es nicht mit allen solchen Experimenten. Um dem allgemeinen unbehaglichen Gefühl ein Ende zu machen, griffen dann die Neueren die Sache so an, dass sie entweder sagten: Die Menschheit ist in Jesu zur Gottheit aufgestiegen, oder sie sagten: Die Gottheit ist in Jesu zur Menschheit herabgestiegen und hat sich zum Gottmenschen in ihm entwickelt.

Ersteres thaten z. B. Schenkel, Wilibald Beyschlag in Halle, Hermann Schultz, Ritschl und Andere; letzteres besonders Rothe und Dorner.

Gehen wir auf diese Gelehrten in der Kürze ein.

Um den Zeitgenossen die Lehre von Christo mundgerecht zu machen, warnt Schenkel[2]) vor einem widerspruchsvollen Doppelwesen und schreibt Christo eine religiös-sittliche Einheit und heilige Lebensgemeinschaft mit Gott, anstatt der „göttlichen Natur" zu. Ein tiefes heiliges Sinnbild ist ihm der Begriff der Gottheit Christi, von derselben kann nur noch in der religiös-sittlichen Bedeutung des Wortes die Rede sein (S. 167). „Eine Idee ist in Christo geschichtlich geworden"; das Geistleben Christi soll die Idee der Menschheit, nach der alle übrigen Menschen erschaffen sind, verwirklichen (S. 159).

---

[1]) Schneckenburger, Vergleichende Darstellung des lutherischen und reformirten Lehrbegriffs II, S. 222.

[2]) Siehe besonders seine polemische Schrift: „Die protestantische Freiheit in ihrem gegenwärtigen Kampfe mit der kirchlichen Reaction" 1865.

Diese Idee der Menschheit habe Christus in das Bewusstsein der Menschheit eingepflanzt und er wird sie bis zu ihrer vollen Selbstverwirklichung einpflanzen (S. 160). Seit der Reformation ist die Lehre von der Gottheit Christi eine ungelöste Aufgabe geblieben (S. 153).

Aehnlich wie Schenkel urtheilen Wilibald Beyschlag (Christologie des Neuen Testamentes, Halle 1866) und wohl die Mehrzahl jener Theologen, die sich unter der Fahne des sogenannten „Protestantenvereins" zusammengefunden haben. Um den Schriftbeweis für diese Behauptungen ist man wenig besorgt, man hat bei jeder unliebsamen Stelle das Messer der Kritik oder über die Probleme oberflächlich hinhuschende Phrasen zur Hand, welche Alles gut machen müssen.

Etwas gemessener, als jene Gelehrten, greift Hermann Schultz die Frage: Was dünkt Euch um Christus, wess Sohn ist Er? an. Auch er aber sagt unverblümt: Christus ist ein blosser Mensch, aber Er ist Gott geworden[1]). Die Christen thun demnach nicht unrecht, wenn sie einer Creatur göttliche Ehre erweisen. An die Stelle des Geheimnisses der Gottseligkeit: Der Logos ward Fleisch, tritt hier das Geheimniss der Gottlosigkeit: Das Fleisch ist Gott geworden. Ein Rückfall also in das Heidenthum.

Ritschl's Lehre endlich ist neuer und verschlimmerter, weil verfeinerter Socinianismus[2]). Vor Allem muss auffallen, mit welcher Selbstgewissheit Ritschl, von allen Vorgängern — wollte Gott! auch von Nachfolgern — verlassen, die Lehre des Heils auftheilt, als hätte er allein das Recht, hier zu bestimmen und als ob man sich von ihm erst seinen Antheil an der Heilslehre müsse geben lassen. Natürlich weiss er mit der Gottheit Jesu Christi gar nichts anzufangen (III, S. 339 ff.).

---

[1]) Vergl. Wissenschaftliche Vorträge über religiöse Fragen, Frankfurt 1877, p. 37; besonders aber sein jüngstes Werk: Die Lehre von der Gottheit Christi, 1881.

[2]) Vergl. sein Hauptwerk: Die christliche Lehre von der Rechtfertigung und Versöhnung, 3 Bände, 1. und 2. Auflage.

Aber auch mit einer Präexistenz Christi nicht, es sei denn jener berüchtigten socinianischen im Rathschlusse Gottes. S. 393 heisst es: „Wenn das Lebenswerk Christi Gottes Werk ist, so wird dadurch vorausgesetzt, dass der persönliche Selbstzweck Christi denselben Inhalt hat, welcher in dem Selbstzwecke Gottes eingeschlossen ist, welchen eben Christus als solchen gekannt und gewollt hat, demgemäss, dass er als der Träger des göttlichen Selbstzweckes im voraus auch von Gott erkannt und geliebt ist. Dieser Satz, welcher sachlich (!) mit Matth. 11, 27 zusammentrifft, ist unumgänglich" etc. Ferner: „Christus ist diejenige Grösse in der Welt, in deren Selbstzweck Gott seinen ewigen Selbstzweck in ursprünglicher Weise wirksam und offenbar macht, dessen ganzes berufsmässiges Wirken also den Stoff der in ihm gegenwärtigen vollständigen Offenbarung Gottes bildet, oder in welchem das Wort Gottes menschliche Person ist." Etwas vorsichtiger drückt sich Ritschl in der zweiten verbesserten Auflage über Gottheit und Präexistenz Christi aus. Es heisst hier III, 436: „Deshalb ist die ewige Gottheit des Sohnes Gottes in der bezeichneten Umschreibung nur als Object des göttlichen Erkennens und Wollens, d. h. für Gott selbst vollkommen durchsichtig." Ferner: „Es ergibt sich die Formel, dass Christus für Gott ewig als derjenige existirt, als der er für uns in zeitlicher Begrenzung offenbar ist. Aber eben für Gott, denn als präexistent ist Christus für uns verborgen." Bei aller Präcisirung des in der ersten Auflage Gesagten bleibt es bei der socinianischen Präexistenz im göttlichen Rathschluss: denn die zweite Person unseres apostolischen Glaubensbekenntnisses nach der nicenischen Auslegung besteht für Dr. Ritschl nicht. Von Ritschl's Irrlehre sollten sich die Christen nicht lange aufhalten lassen, und ist es mit Genugthuung an dieser Stelle zu vermerken, dass Consistorialrath Münchmeyer in Luthardt's Zeitschrift vom Juni 1883 jüngst gegen die Rechtfertigungs- und Versöhnungslehre des Göttinger Landesuniversitäts-Professors energisch Protest erhoben hat. Ein Trost ist es übrigens, dass diese Theologie Ritschl's nothwendig an ihrer eigenen Hohlheit zu Grunde gehen wird. Ritschl könnte an seiner Theologie die Lehre von der Erbsünde studiren. Das Urtheil über alle Hauptlehren ist deshalb schief, weil der Standpunkt von vornherein verfehlt ist. Aus der festen Wehre der alten Bekenntnisse und der alten Terminologie entfallen, redet Ritschl in neuen Zungen die neue Weisheit.

Und nun unsere dem Vermittlungsstandpunkte angehörigen Dogmatiker, die mit dem einen Auge nach der Philosophie, mit dem anderen nach dem Glauben schielen? Was lehren diese? Bei dem Studium ihrer Werke kommt Einem das Kapuzinerkloster zu Palermo in den Sinn. In Palermo liegen auf dem Kirchhof der Vornehmen u. A. die einst schönen Leichname von Frauen in gläsernen Särgen, ein Sarg über dem anderen[1]). Alle sind in glänzendster Toilette, selbst heller Seide, ausgestellt, mit Kränzen um ihr todtenblasses Angesicht und Blumen in den erstarrten Händen. Es ist die Kleidung, der Schmuck vorhanden, aber der Körper ist nur mehr ein Leichnam! Und wer es recht gut machen will, hängt noch eine Photographie an jene Särge, um zu zeigen, wie der Todte im Leben ausgesehen; und doch sind es Kapuziner, welche solche Sünde wider das gesunde menschliche Gefühl dulden und sich dessen noch gar rühmen. Grauenhaft in der That!

Nicht viel anders machen es, um hier nur zwei zu nennen, Rothe und Dorner. Als Photographie, also um zu zeigen, wie der Todte bei Lebzeiten ausgesehen, schickt Rothe in seiner von Schenkel herausgegebenen Dogmatik stets einen Abriss der apostolischen und kirchlichen Lehre voraus, um sodann mit eigenen Worten fortzufahren. Und wo nun dieses Eigene beginnt, da erstarrt Einem das Blut in den Adern, wie bei jenen Leichen in Palermo. Hören wir Rothe selbst (Dogmatik II, 151): Der eigentliche Grundfehler

---

[1]) Vergl. De Mortuis v. C. F. Gordon Cumming in der Contemporary Review v. Juni 1883, S. 865.

der kirchlichen Christologie bleibt immer — abgesehen von
ihrem verwirrenden trinitarischen Gottesbegriff[1]) — dass sie
die Vereinigung der Gottheit und der Menschheit in Christo
auf physischem Wege erfolgen lässt, statt auf moralischem.
So kommt es zu gar keinem moralischen Gehalt der Person
des Erlösers und seines Erlösungswerks. Wenn aber die
Menschwerdung Gottes nicht einen neuen moralischen Werth
in die Menschheit hineinbringt, so ist ein Sinn und Zweck derselben gar nicht abzusehen. Der Mensch kann nun einmal
nicht mehr bedeuten und werth sein als das, wozu er sich
selbst (freilich nicht aus eigener Kraft allein) gemacht hat.
Dass der Gottmensch (NB. der dies nicht ist kraft des alten
trinitarischen Unterbaues) dies (nämlich Gottmensch) ist,
muss zugleich seine eigene That sein. Also eine rein moralisch vermittelte Erlösung, ähnlich wie bei Kant, nur dass
Letzterer, mehr aufrichtig, die Blumensprache des apostolischen
und kirchlichen Zeitalters meidet und besser auf eigenen, wenn
gleich ebenso thönernen, Füssen steht. Und nun bemerke man
zum Ueberfluss noch Rothe's Stellungsnahme gegen die Orthodoxie (S. 152 a. a. O.). Eine göttliche und folglich absolut
vollkommene, geistige Person, wie der göttliche Logos,
unmittelbar (d. h. aber nothwendig zugleich auch äusserlich)
hineingesetzt in einen Menschen und mit diesem in die
Menschenwelt, kann gar keine moralisch zu lösende Aufgabe
haben; sie ist ja schon von Hause aus die absolute Tugend
und folglich auch die absolute geistige Kraft, die absolute
Kraft des Guten; sie braucht nichts erst zu lernen, sie kann
von Hause aus schon Alles, es ist ihr ein blosses Kinderspiel.
Darum ist aber auch Alles, was sie thut und leidet, als ihr
Thun und Leiden betrachtet, eine pure Null, und moralisch
angesehen durchaus werth- und bedeutungslos. Es ist der
blosse Schein des Thuns und des Leidens, sofern diese im
moralischen Sinne genommen werden. Ein solches Erlösungs-

---

[1]) Vergl. auch Schenkel, Christl. Dogmatik II, 2, S. 693.

werk (wie es also die Orthodoxie lehrt) ist eine Phantas-
magorie, wie Gott sie sich nicht vormachen lässt[1]) u. s. w.

Man stellt eben, von aussen her (von der Philosophie)
kommend, an die kirchliche Gestalt des christologischen Dogmas
gewisse Forderungen, und wenn dasselbe sie nicht erfüllt, so
modificirt man das Dogma selbst, aber nicht die eigenen Voraussetzungen und Forderungen. Dass freilich von kirchlicher
Seite dem Dr. Rothe keine festeren Dämme für seine Speculation entgegenstanden, als die Kenosislehre von Thomasius,
Liebner oder Gess, ist zu beklagen. Die neueren Vertreter der
Orthodoxie, d. h. orthodox in moderner Zeitform, immerdar
noch angefressen von dem Krebs des innerlich wüthenden
Zweifels, ohne Mandat von dem Herrn der Kirche, haben leider
nie vermocht, den Zerstörern unserer theuersten Glaubens-
wahrheiten zu imponiren. Das zeigt sich zumeist in der Weise,
wie man Schleiermacher bis dahin geschont hat. Die ortho-
doxe theologische Wissenschaft ringt gleichsam noch mit dem
Worte, um die Grösse des Abfalls unseres Jahrhunderts zu
beschreiben. Schüchterne Schritte geschehen zwar, aber eine
abergläubische Furcht, z. B. vor dem Namen Schleiermacher,
herrscht noch vor, und das rechte kühne Wort, um die ganze
Grösse des Attentats, das mit Schleiermacher auf den christlichen Glauben geschah, zu brandmarken, ist noch immer
nicht gesprochen. Sie warten Alle auf ein tausendjähriges Reich
in der Wissenschaft, und siehe da, das Reich Gottes ist in
ihrer Mitte (ἐντὸς ὑμῶν Luc. 17, 21)!

Und nun Dorner? Auch er erspart uns zunächst nicht die
Photographie des biblischen und kirchlichen Dogmas. Indem
er aber an der kirchlichen Lehrentwicklung (die biblische
nämlich ist neutraler Boden, aus dem Alle Alles machen
können) immer Etwas zu bemängeln weiss, auch in der Christologie, kommt Dorner zuletzt auf die Forderung hinaus: Man
müsse versuchen, die Uebelstände in der gewöhnlichen An-

---

[1]) Vergl. Schenkel a. a. O. II, 2, S. 751 f.

ordnung des christologischen Stoffes zu vermeiden, um ein möglichst einfaches und einheitliches Bild von Christus zu gewinnen[1]). Gewiss ein recht zahmer Abschluss einer langen Auseinandersetzung, in der man die schlimmsten Ketzer der Neuzeit besprochen und abgewiesen hat. Aber zu Worten der Entrüstung bringt es Dorner nicht, eingedenk dessen, welcher Schonung er selbst auf Schritt und Tritt in der Dogmatik bedürftig ist. Der Glaube kann nach Dorner weder Widersprüche mit sich selbst, noch mit der Intelligenz vertragen, vielmehr muss eine nicht rastende Gegenwirkung zur Hebung derselben von ihm ausgehen. Wir haben aber nicht zu warten, bis das Werk der Wissenschaft vollendet ist. Ist doch dieses Werk selbst wieder abhängig von immer vollkommenerem Stehen im Element der Wahrheit, die der Glaube, soweit als sie sich dem sittlichen Vertrauen empfiehlt, ergreift, nicht als blossen Gedanken, sondern als eine Realität. Des Glaubens religiöse Gewissheit stammt ihm nicht aus irgend einer Theorie, sondern aus der Erfahrung der Kraft des Gegenstandes, mit welchem der Glaube in Berührung bringt[2]). Wir unterstreichen die letzten Worte und fragen: Wie kommt der Glaube denn in Berührung mit seinem Gegenstand? Und da hören wir (a. a. O. II, 2, S. 697), dass von Christus, dem Princip des Lebens, die Fülle des Geistes, des Lichtes und Lebens, der Gnade und Wahrheit, die objectiv in Christus wohnt, an die Menschen mitgetheilt wird. Und das geschieht durch den heiligen Geist, dass Christi Impuls zu eigenem Impuls in den Gläubigen wird und ein neuer Focus selbstständig zu eigen gewordener Gotteskräfte sich bildet. Als ein neues göttliches Princip schafft der Heilige Geist, wenn auch nicht substantiell neue Kräfte, so doch ein neues Wollen, Wissen, Fühlen, ein neues Selbstbewusstsein. Die neue Persönlichkeit bildet sich in innerer Aehnlichkeit, gleichsam im Familientypus mit dem zweiten

---

[1]) Christliche Glaubenslehre II, 1, S. 384.
[2]) A. a. O. II, 1, S. 386.

Adam. Alles, worin die neue Persönlichkeit sich in ihrer Selbst-
ständigkeit kund thut, schreibt die Heil. Schrift diesem dritten
göttlichen Princip zu. Das Getriebenwerden (von ihm) ist in
Einigung von Nothwendigkeit und Freiheit zugleich eigener
Trieb etc. Alle diese Sätze kommen, trotz der dünn aufliegenden
kirchlichen Terminologie darauf hinaus, dass nach göttlicher
Ordnung der heilige Geist zum neuen Lebensodem der erlösten
Menschheit wird; „die Menschheit wird fermentirt von dem Geist
Christi". Und je mehr dies geschieht, desto mehr dringt die
Kirche, die Geschichte des erhöhten Herrn selber abbildend,
bis in die Erscheinung und Natur vor. So schön, oft bis in's
Kleinliche an die alte Terminologie sich anschliessend, dies
Alles klingen mag — es sind alle diese einen gewissen kirch-
lichen Duft um sich verbreitenden Redensarten um den Draht
des philosophischen Systems gewickelt. Es findet eine Assimi-
lirung der theologischen Wahrheiten von den philosophischen
„Wahrheitsmomenten" statt. Und der Blumenduft mag nun
noch so berauschend sein — die Leiche steckt doch dahinter!
Mag sein, dass Dorner in Christus eine einzigartige Seinsweise
Gottes setzen will, welche bis zu innergöttlichen, ewigen trinitarischen Unterschieden zurückführt; was will dies heissen,
wenn wir einmal das Inventar von Dorner's Trinitätslehre auf-
nehmen? Wie nun, wenn in Gott nur ein realer ewiger Möglich-
keitsgrund der Menschwerdung gegeben ist und zwar in der
besonderen Seinsweise (Hypostase)[1], die er ewig in sich hat
und die sich in Christus vollkommen (NB!) offenbart? Wie
nun, wenn Dorner redet von einer ewigen Selbstdisposition,
die Gott für die Menschwerdung in sich trägt; wenn endlich
nur geredet wird von der Präexistenz des in Christus wirk-
samen göttlichen Princips? Es ist purer Sabellianismus,
wonach Gott vor sich selbst Komödie spielt, wenn er den
Sohn und den Geist aus sich entlässt, um die Welt zu schaffen,

---

[1] Dies Wort, obwohl Dorner es in der Klammer beifügt, kann unmöglich im kirchlichen Sinne dieses Wortes genommen werden.

zu erlösen und zu heiligen! In dem Menschen Christus sieht
dann folgerecht Dorner nur ein durch göttlichen Act bewirktes
einzigartiges Sein Gottes von ewiger Dauer, verschieden auch
von dem Sein und Wesen Gottes in den Gläubigen. Und das
unterscheidet ihn von Schleiermacher. Und fragt man, wodurch
verschieden, so ist die Antwort: Dass in Gott eine ewig vorhandene, aber sich offenbaren wollende Seinsweise als des
Logos, des ewigen göttlichen Ebenbildes, da sei, für welche
in Christus, dem Gottmenschen, eine Empfänglichkeit von Gott
selbst gesetzt wird (S. 392). Dass dieses Wunderding, das da
in Gottes Wesen als die Menschwerdung prädisponirend
angenommen wird, nicht die kirchliche Person des Sohnes
Gottes, zu dem es heisst: „Heute habe ich Dich gezeugt", sein
kann, sieht auch ein minder scharf Denkender, als Dorner, ein,
und es wird auch von ihm selbst in der klein gedruckten
Anmerkung sofort zugestanden! Der kirchlich-biblische Boden
ist verlassen und der Sabellianismus wieder in sein altes Recht,
oder besser Unrecht, eingesetzt! Es ist eine pure Escamotirung,
wenn dann allerlei Schönes von der Wirksamkeit Gottes als
des Logos schon bei der Weltschöpfung und in der Religions-
geschichte ausgesagt wird. Unser Herr Jesus Christus, der,
ehe denn Abraham ward, schon ist, kann dadurch nimmermehr geehrt werden. Entscheidender ist noch, was Dorner
dann von dem Werke Christi sagt, und hier tritt nun
immer crasser die Abbiegung Dorner's vom rechten Pfad der
christlichen Lehre hervor. Fühlen wir nur eben seiner Darstellung der von Christus geleisteten Sühne den Puls. Das Thun
des Erlösers kommt in diesem Punkt auf ein Compliment
hinaus, welches Jesus Christus, der Gottmensch, kraft stellvertretender Liebe (wie es immerhin noch heisst), der fordernden
Gerechtigkeit Gottes macht. „Der Mittler", heisst es, „wird
der Welt Sünde nicht blos in ihrer Verwerflichkeit erkennen
und als eine Verunehrung Gottes mit unbestechlichem Wahr-
heitssinn beurtheilen, sondern kraft stellvertretender Liebe die
Schuld der Welt auch als ihn angehend mit intensivstem

Schmerz empfinden; er wird in liebender Theilnahme [1]) an uns die Strafwürdigkeit der Sünde, mit einem Wort ihren (NB!) auf uns lastenden Fluch, die Gerechtigkeit der göttlichen Ungnade über uns fühlen und tragen, und durch sein Thun und Leiden sie in ihrer ewigen Wahrheit und heiligen Majestät zur Geltung bringen" (S. 640).

Alles, was die apostolisch-kirchliche Lehre von der Stellvertretung lehrte, wird im Folgenden (S. 645 ff.) alsdann beseitigt und es kommt auf ein Compliment, welches Jesus Christus Gott, natürlich in den verbindlichsten Formen, machte, hinaus. Von Luther's tiefer Fassung der Stellvertretung Christi ist wie bei Schleiermacher, also auch hier die letzte Spur verloren — es tritt die ganze Todesblässe des Leichnams gerade bei dieser Kernlehre des evangelischen Christenthums schreckenerregend zu Tage. — Bleiben wir, bevor wir weitergehen, einen Augenblick stehen. Man fragt sich unwillkürlich: Wie konnte es zu solch einer Abirrung in der evangelischen Kirche kommen, wie wir sie zur Zeit des Rationalismus und Schleiermacher's und der Neueren überhaupt wahrnehmen? Die zwei Kirchen der Reformation hatten doch die gute Substanz des Glaubens an Christus aus der alten Zeit der Kirche sich gerettet. Dennoch aber muss ein Fehler irgendwo stecken, wenn so beständig hin- und herprobirt wird oder wenn man ängstlich an den traditionellen Rahmen sich bindet, ohne tiefer einzudringen. Wir glauben, dass diese Erscheinung in der mangelhaften Auffassung der Incarnation des Logos ihren Grund hat.

Wenn unsere alten Kirchenlehrer [2]) allen Nachdruck darauf legen, dass Christus zwar unsere wahre menschliche Natur angenommen mit allen ihren besonderen Umständen und Bedingnissen, aber ohne Sünde; wenn sie also ängstlich dem

---

[1]) Dies ist echt Schleiermacherisch, siehe: Der christl. Glaube, § 104, S. 154 oder 141.

[2]) Z. B. Calvin, Opp. IX, p. 777, wo er redet von der assumptio verae naturae humanae, cuius omnes conditiones, excepto peccato, sponte Christus in se recepit.

Text Hebr. II, 14. 17 die Worte: „Doch ohne Sünde" octroyiren, die hier gar nicht stehen, so sind sie ganz im Rechte, sofern sie für die sanctitas Christi einstehen wollen. Aber es ging solches Bestreben darin doch zu weit, dass dieselben Reformatoren sich bei dem Artikel von der Empfängniss Christi bemühen, diese Heiligkeit Christi auf naturalistische Weise sicher zu stellen. Man meinte, nur also eine sogenannte reine und unbefleckte menschliche Natur heraus zu bekommen, wenn man durch ein göttliches Wunder das Fleisch Christi, das er von der Mutter empfing, gereinigt werden lasse von aller Sünde. Dies aber war unnöthig und bedenklich, denn nunmehr verlor man streng genommen jeglichen Grund, von einem Stande der Erniedrigung zu reden, da mit der Menschwerdung des Logos schon ein erstes Stadium auf dem Wege der Erlösung, worin nichts Erniedrigendes lag, begann. Das, was die Incarnation zur Exinanition macht, fällt weg, sowie wir die Fleischwerdung leugnen und mit den Neueren von einer blossen Menschwerdung reden. Die Natur Adam's vor dem Fall ist kein der Gottheit unadäquater Tempel, wohl aber die Natur nach dem Fall. Erst der Eintritt des Logos in das Lebensgebiet der gefallenen Menschheit ist als eine Erniedrigung (actus exinanitionis) zu bezeichnen. Es war zwar wohlgemeint, aber doch irreleitend, wenn man die menschliche Natur unseres Herrn auf den Standpunkt der Natur Adam's, den sie vor dem Falle einnahm, zurückzubringen trachtete. Kam dann noch die göttliche Natur hinzu, und dann noch obendrein die prophetischen Stellen von des Geistes Ruhen auf Christo (Jes. 11, 1 ff., 61, 1; cf. Luc. 4, 21), so war man wieder ohne den so nöthigen Berührungspunkt dieser Natur mit der unsrigen. Alsdann hat man zwar drei Garantien, um Christum von aller Befleckung auszunehmen, aber kein Subject für den status exinanitionis, keinen Erlöser mehr, der uns in Allem gleich wäre und Mitleid haben könnte mit unserer Schwachheit; keinen Erlöser, der versucht worden wäre in allen Stücken gleich wie wir, ohne Sünde; man hat keinen Erlöser, der, wie Johannes

sagt, im Fleische gekommen wäre (1. Joh. 4, 2; 2. Joh. 7).
Und endlich, wo bleibt man mit Römer 8, 3: „Gott sandte
seinen Sohn in Gleichheit des Fleisches der Sünde"? Die
Lutherische Dogmatik machte ganz folgerecht den Stand der
Erniedrigung zu einer That des Gottmenschen nach beiden
Naturen. Die menschliche Natur des Erlösers, welche bei der
Incarnation in den Besitz aller göttlichen Prädicate eintrat
und damit ganz verflogen und in ihr Gegentheil umgesetzt
war, muss sich, um für die Erlösung geschickt zu sein, eine
Erniedrigung[1]) gefallen lassen, oder des vollen Gebrauchs der
göttlichen Glorie entsagen. Man wusste sich vor lauter Reich-
thum nicht zu lassen; man half sich mit einer Erniedrigung
der eigentlich im Act der Conception auf's höchste erhöhten
menschlichen Natur des Erlösers, damit die göttlichen Prädicate die menschlichen zur Ruhe kommen liessen und selbige
sich menschlich zu äussern vermöchten, nicht aber doketisch
würden[2]).

Die völlige Congruenz der menschlichen mit der göttlichen Natur ist während der Dauer des Erdenlebens Christi
noch aufgehoben und stellt sich erst mit der Himmelfahrt und
dem Sitzen zur Rechten völlig her. Am bequemsten macht die
scholastisch-katholische Lehrweise sich die Sache, indem diese
ganz absieht von einem wahrhaft menschlichen Lebensprocess
und der gleich von Anfang an vollendeten menschlichen Seele
alle Entwicklung versagt und mithin zum puren Schein oder
Doketismus herabsinkt. Es sind dies Folgen der falschen Ansicht von der Fleischwerdung (vergl. Schneckenburger a. a. O.
S. 28 und 206). Die ernste Anerkennung der Fleischwerdung
des Logos fehlt der römisch-katholischen Lehre völlig. Aber

---

[1]) Quenstedt, Systema theologic III, pag. 335: Christum iam inde a
primo incarnationis momento divinam gloriam et maiestatem sibi secundum
humanam naturam communicatam plena usurpatione exserere et tanquam Deum
gerere potuisse, sed abdicasse se plenario eius usu et humilem se exhibuisse.
Cf. Formula Concordiae 764, 13; 767, 26.

[2]) Siehe Schneckenburger, Zur kirchlichen Christologie, S. 24 und 29 ff.

auch die reformirten Theologen strauchelten bei der Frage: Ob die Menschwerdung auch schon zum Stande der Erniedrigung gehöre? Zwar hielten sie lange Zeit die Erniedrigung für zusammenfallend mit der Incarnation. Wir nennen Junius (Theses Leidenses, ed. Kuyper, pag. 197); Zanchius (De incarnatione, Opp., tom. VIII, p. 30); Maestricht (Opp., tom. II, p. 609); van Diest (Theol. bibl., pag. 208); Polanus v. Polansdorf (Systema theol. Christ., VI, Cap. 13); Maresius (Systema theol. loc. 9, §39); Heidegger (Medulla II, pag. 24); vergl. Heppe, Dogmatik der ref. Kirche, S. 351 ff. Aber sie lehnten diese Wahrheit an Phil. 2, 6—8, statt an Röm. 8, 3 an, und von einer Erniedrigung ward mit Heidegger deshalb geredet: Quia conceptus est non simpliciter homo, sed homo servus. Die Erniedrigung bezog sich auf die zum Mittlerwerk gehörigen näheren Umstände, z. B. auf die Gesetzeserfüllung, wie auf das Leidensvolle seines Lebens überhaupt, kurz auf die ganze forma servi des Philipperbriefes, welche das Geltendmachen der forma Dei überwog. Aber dies Alles lag ja nothwendig in der Aufgabe des Mittlers Jesu Christi, es war conditio sine qua non und gereichte zur maior gloriae patefactio des Logos; zu dienen, war noch nicht eigentlich Erniedrigung[1]). Erst dies, dass der Logos Glied der gefallenen, sündigen Menschheit durch die Incarnation wurde, macht den Anfangspunkt seiner Erniedrigung und hält zugleich die Bahn frei für eine sodann eintretende Erhöhung. Jenes früher Genannte war andererseits doch zugleich der Verherrlichung des Logos dienstbar — erst dies, dass er im Fleische kam, und zwar in Gleichheit des Fleisches der Sünde, stellt ihn also weit von Gott, seinem Vater, dass er nun Gegenstand seines gerechten Zornes ward, und also nahe zu uns, dass Gott fortan ihn nicht von uns unterschied, sondern ihn ganz als unseren Stellvertreter behandelte.

---

[1]) Die Stelle Phil. 2, 6 dient nicht zur Feststellung des Begriffes der Fleischwerdung des Logos, da sie nur sagt, dass Christus die Art und Weise eines Knechts an sich genommen (personam egit servi), aber über die Incarnation nichts enthält.

Spätere Reformirte, besonders der für Viele, z. B. in Holland heute noch, tonangebende W. v. Brakel[1]), leugneten dann alles Ernstes, dass die Menschwerdung an sich schon eine Erniedrigung in sich schliesse und zogen damit eigentlich nur die Consequenz aus dem Lehrbegriff der älteren Theologen. Eine Menschwerdung an sich kann ja keinerlei Erniedrigung in sich schliessen, da ja der Erlöser im Stande der Erhöhung diese menschliche Natur an sich trägt. Und da nun bei dieser Darstellung die Gottheit auch nicht eigentlich erniedrigt wird, sondern nur verhüllt, wie die Sonne hinter einer Wolke, mithin wirklich stets dieselbe geblieben ist, so fehlte völlig jeder Anhaltspunkt für eine wahre Erniedrigung des Erlösers, und der Stand der Erniedrigung steht in der Luft. Man verstehe wohl: die göttliche Natur wird solchergestalt nur zum Schein erniedrigt und die menschliche Natur wird eher noch erhöht, indem sie der Vereinigung mit der göttlichen Natur gewürdigt wird. Die forma servi ist dabei für sie reine Lust, weil der Erlöser selbige im Dienste Gottes auf sich nahm. Will man jenen Stand gleichwohl festhalten, so muss man ihn in allerlei Nebenumständen sehen — also in jenen Schwachheits-, Leidens- und Subordinationszuständen des Sohnes Gottes — die aber reichlich aufgewogen werden durch die Fülle der Geistesgaben und weiter durch den Umstand, dass die menschliche Natur dem Logos stets als gefügiges Instrument diente[2]).

Und diese Unfähigkeit, die Fleischwerdung des Logos als eine Erniedrigung anzusehen, wuchs immer mehr. Die menschliche Natur Christi wurde mehr und mehr in völlige Ungleichheit mit der unsrigen versetzt und man verstand die Stellvertretung dieses Mittlers immer weniger, so nachdrücklich man auch davon zu reden wusste. Christus wurde ein Idol. Ganz unumwunden und mit grosser Schärfe stellte endlich Schleiermacher (§ 105, Zusatz) die Unhaltbarkeit eines Standes der Erniedri-

---

1) Redelyke Godgeleerdheid II, pag. 472; ferner: Heydanus (Corpus theol. Christ. I, pag. 571), sowie auch Braun.

2) Vergl. Schneckenburger a. a. O. S. 9 bis 18.

gung und Erhöhung bei der hergebrachten Lehre von der Person Christi an's Licht.

Immer stärker erhebt sich die Frage: Wo bleibt der congruente Factor der Genugthuung gegenüber einem erzürnten Gott, wenn die menschliche Natur Christi nicht als im Schuldzustande mit befasst erscheint, sondern nur so gleichsam neben dem Logos hergeht, um ihm als stets gefügiges Organ seiner Erlösungsthaten (ministerialiter) zu dienen? Erst dann, wenn der Logos durch Annahme der uns in Allem gleichen menschlichen Natur (s. Hebr. 2, 14. 17; 10, 5 ff.; Psalm 40, 7. 8) auch an dem Schulderbe Adam's Theil nimmt, ist eine wahre Erniedrigung vorhanden: ein Stand der Dinge also, mit dem selbst der Logos Schweres übernahm, wenn anders er seine Gnade und Treue (nach Joh. 1, 14) bewähren wollte. — Andererseits ist von hier aus auch allein die Erhöhung des Erlösers zu verstehen[1]). Sollen jene Stellen, die von einem Lohn (Phil. 2, 9) oder dem Ererben eines Namens (des Sohnes-Namens, Hebr. 1, 4) reden, Bedeutung haben, so muss darin doch noch mehr liegen, als die Allen offenkundige Manifestation, dass der Logos als Fleischgewordener, oder dass die mit ihm persönlich verbundene menschliche Natur fortan eine über aller Creatur erhabene Stellung einnehme und das alle Glieder mit sich selbst erfüllende Haupt geworden sei[2]). Vielmehr hat der Erlöser nach Durchbrechung jener ihm seit und mit der Empfängniss angelegten Fesseln und nachdem er durch die Auferstehung gerechtfertigt und aus der Haft für alle Erwählten entlassen worden, nunmehr jenen Namen ererbt, der ihn als Mittler auch den Engeln und aller Welt offenbar macht. Er empfängt die Herrlichkeit, die er bei dem Vater vor der Welt Grundlegung

---

[1]) Ursinus, Explic. Cat. Pal., pag. 365, bringt es nur dahin, zu sagen: Christus habe die gloria, quam ipse occultaverat, bei der Erhöhung erzeigt, nicht so, dass er sie zuvor nicht besessen, sondern so, dass er sie den Menschen offenbar gemacht und jenes Recht wiederum an sich genommen, quo jure se quasi abdicaverat divinitas Christi in humanae naturae assumptione.

[2]) Vergl. Schneckenburger a. a. O. S. 103 ff.

hatte, zurück (Joh. 17, 5), aber nunmehr als der Mittler, als das Haupt der Gemeinde, der da ein Recht zu fordern hat, nachdem er zuvor dies Recht als der Fleisch gewordene Logos sich erworben. Das ganze hohepriesterliche Gebet Joh. 17 empfängt von diesem Standpunkte aus die rechte Beleuchtung.

Unter solchen Umständen darf man sich nicht wundern, dass in der Kirche bald allerlei Geister, theils wohlmeinende, theils übelwollende aufstanden, die an dem kirchlichen Rahmen das Eine und Andere zu ändern suchten, um den Christus des Neuen Testaments darin unterzubringen. Man kämpfte für die wahre menschliche Natur Jesu Christi, ähnlich wie die kirchlichen Theologen, wie Calvin, P. Martyr, a Lasco und Martin Micronius gegen die Mennoniten für dies Kleinod gestritten hatten, aber freilich minder vorsichtig und mit dem Erfolg, dass man über den Rahmen der altkirchlichen und reformatorischen Christologie hinausging.

Nun hiess es: Die göttliche Natur erdrückt die menschliche — sie muss zur Potenz herabgesetzt werden (so die Kenotiker Thomasius, Gess, Sartorius und Luthardt); oder man blieb bei einem blossen Sein Gottes in dem Erlöser, nach Analogie seines Seins in uns und der Kirche nach dem Vorgange Schleiermacher's stehen; oder endlich, man brachte durch die Fusion der göttlichen und menschlichen (für die Aufnahme der göttlichen höchst empfänglichen) Natur einen Gottmenschen an's Licht, der aber weder von der Gottheit, noch von der Menschheit die rechte Art und den wirklichen Charakter an sich trug (Dorner u. A.).

Nun bekam man zwar eine menschliche Natur heraus, von der man, bei aller Reinheit, Schwachheit und Versuchbarkeit meinte prädiciren zu können, die aber gleichwohl einerseits zu schwach, andererseits zu stark war.

Zu schwach, sagen wir, denn den ewigen Zorn Gottes erträgt keine menschliche Natur, wenn sie ihn wirklich zu verstehen und zu fühlen vermag und nicht, nach Art des Gottmenschen der Neueren, in einer gewissen angeborenen Unschuld, ohne Verständniss für den Zorn Gottes, dahinlebt. Zu stark andererseits, weil sie zu dem Zorn und Fluch Gottes keine rechte Beziehung hat und den Tod eigentlich nur in der Weise scheuen wird, wie jede andere fein besaitete Seele dies thut. Es fehlt dieser menschlichen Natur an dem Anknüpfungspunkt mit der unsrigen.

Es blieb immer ein Zuwenig oder ein Zuviel übrig. Und zwar liegt der Fehler, welcher an dem rechten Verständniss der Fleischwerdung hindert, in der Anthropologie. Um die Fleischwerdung des Logos in ihrer trostreichen Bedeutung zur vollen Darstellung zu bringen, dazu gebricht es in Wahrheit an einer umsichtig gehaltenen Definition der Erbsünde. Bei der hohen Ehrfurcht vor der Heiligkeit unseres Erlösers einerseits und einer einseitigen Definition der Erbsünde andererseits sieht man sich genöthigt, mit der anderen Hand schnell wieder zurückzunehmen, was man soeben mit der einen gegeben. Man sagte wohl, der Logos ward Fleisch, schwächte sodann aber schnell die Sache wieder ab, indem man behauptet: Er nahm unser gereinigtes Fleisch im Augenblick der Empfängniss an. An solcher mangelhaften Definition der Erbsünde leiden auch die höchst interessanten Artikel von Prof. Dr. Kuyper in Amsterdam, vergl. das Blatt de Heraut, Jahrgang 1883. Er gibt zwar, den Fussstapfen Dr. Kohlbrügge's hierin folgend, vollauf zu, dass die menschliche Natur unseres Erlösers schwach und von allem geistlichen Gut entblösst gewesen, ja dass der Heiland die gefallene Natur Adam's an sich genommen habe, weil sonst von keiner Erniedrigung die Rede sein und keine Stellvertretung statthaben könne. Allein, indem ihm bei dieser Behauptung gleichwohl die Sünde als ein Flecken des Fleisches auf Schritt und Tritt nachläuft, so nimmt er fortwährend wieder zurück, was er zugestanden. Der Erlöser muss nun doch durch eine „moralische Einwirkung auf die (unpersönliche) Natur Christi seitens des Heiligen Geistes" im Act der Empfängniss von der Befleckung der Erbsünde gereinigt werden, und seine Empfängniss aus der stets „Jungfrau" gebliebenen Maria ist eine „unbefleckte". Als demnach der Logos im Wunder und Mysterium in die Welt kam, so kam 1. Freiheit von aller Erbschuld ihm zu; 2. war er frei von aller erblichen Befleckung, indem solche der Heilige Geist im Augenblicke der Empfängniss wegnahm; 3. aber theilte der Heilige Geist schon bei der Empfängniss der menschlichen Natur Jesu alle jene Gaben und Kräfte mit (aber auch nicht mehr, denn diese), die er nöthig hatte, um unter fortwährender Einwirkung des Heiligen Geistes sein Mittlergeschäft vollbringen zu können (Heraut vom 22. April d. J.).

Daneben behauptet Professor Kuyper streng, dass der Sohn Gottes unsere gefallene Natur angenommen habe (Heraut vom 10. Juni 1883), weil sonst keine Erniedrigung stattfand. Er ist demnach ganz auf der richtigen Fährte einerseits, verlässt sie aber andererseits, um die Befleckung der Sünde vom Heiland abzunehmen.

Versuchen wir in diesem Punkte, also in der Erbsündenlehre, Bahn zu machen für die Lehre von der Incarnation.

Wir gehen von der Betrachtung der Erbsünde als der für die Fleischwerdung des Logos grundlegenden Lehre aus.

# ABSCHNITT II.

## Von der Erbsünde.

Bei der Definition der Erbsünde sind nach Ausweis der Dogmengeschichte zwei Abwege zu vermeiden; der erste der Flacianische, der andere derjenige seiner Gegner. Flacius Illyricus hat die Erbsünde als Substanz des Menschen angesehen; dies wurde aber mit Recht von der Concordienformel verworfen. Die Substanz des Willens oder der Körper- und Seelenkräfte, sowie ihres Verhältnisses zu einander ist nicht verändert; die Substanz des Willens ist durch den Fall nicht in ihr Gegentheil, d. h. aus einer guten in eine schlechte verwandelt. Die Gegner des Flacius trennten aber die Natur von der corruptio, sie bedienten sich unpassender Bilder (Concordienformel 645, 647) und sagten: die Sünde stecke im Menschen wie der Aussatz im Körper. Die „Massa" sei in Adam verderbt und verkehrt geworden und durch Vererbung (haereditario modo) auf uns fortgepflanzt. Wenn man nun den Traducianismus Tertullian's hinzunimmt, wonach die Seele sammt ihren Gebrechen sich stoffartig fortpflanzt, so ist damit einer materialistischen Anschauung der Sünde die Bahn geöffnet. Man definirte die Erbsünde als ein Accidens; und zwar sei sie per carnalem conceptionem a patre et matre, aus dem sündlichen Samen auf uns fortgepflanzt. Während also Flacius zur manichäischen Aufhebung der Erlösungsfähigkeit gelangt, so sind seine Gegner wiederum in Gefahr, die Natur als gut anzusehen und die Sünde als ein Accidens, aber als stoffartig sich fortpflanzendes in der menschlichen Natur zu betrachten, von welchem man durch den Heiligen Geist oder das Gegengewicht der göttlichen Gnadengaben befreit wird. Diese Ansicht der Gegner des Flacius lenkt, ob man will oder nicht, in die Bahn des Pelagianismus ein. Derselbe, stets in der Kirche vertreten, bezeichnet das andere Extrem in der Lehre von der Sünde. Schon Origenes war des Pelagius Vorgänger, wie überhaupt die griechische Kirche mit ihrem αὐτεξούσιον. Nach Pelagius ist der Mensch bei seiner Geburt in dem Zustande Adam's. Die Sünde ist ihm so wenig wie die Tugend angeboren, sondern die eine wie die andere entwickelt sich mit dem Gebrauch der Freiheit, und zwar auf alleinige Rechnung dessen, der sie übt.

Von alter Zeit her hat man jedoch die Sünde ganz richtig als ein Negatives gefasst, als die Abwendung vom Guten (Privation). So urtheilte schon Origenes (De principiis II, 9, 2). Athanasius, Basilius der Grosse und Gregor von Nyssa fassen die Sünde gleichfalls negativ (Hagenbach, Dogmengeschichte § 107).

Indem jedoch diese Väter dem unter die Sünde beschlossenen Menschen einen viel zu freien Spielraum gaben und seinen freien Willen auch auf die geistlichen Dinge sich erstrecken liessen, so arbeiteten sie dem Pelagius vor, und als nun dieser mit dem Extrem des freien Willens auftrat, so rief dies Augustin in die Schranken. Letzterer suchte den Knoten zu zerhauen, indem er Alle in Adam beschlossen sein und dort sündigen liess.

Während Augustin dergestalt Alles wie unter einen Grabstein beschlossen hatte und eine Massa perditionis annahm, die sich durch die natürliche, den Einzelnen befleckende Zeugung vermittelte, so trachtete der Semipelagianismus sich dem wiederum zu entziehen. Bei den Semipelagianern regt es sich wieder unter dem Grabstein; der natürliche Mensch klopft von unten her an denselben, und der Heilige Geist hebt bei dem also Klopfenden den Stein auf.

Und so blieb es im Mittelalter. Die Sünde wird negativ bestimmt (Hagenbach, D. G., § 176 und 177 f.[1]). Folge der ersten Sünde war, dass die justitia originalis, die mit dem ursprünglichen Zustande des Menschen verbunden war, verloren ging. Was dann überblieb, war immer noch hinreichend, um der Gnade Anknüpfungspunkte zu bieten und der Kirche, sowie dem mönchisch-asketischen Wesen Gelegenheit zu geben, sich nützlich zu machen. Das ganze römisch-mittelalterliche Unwesen ruht auf dieser semipelagianischen Ansicht vom Menschen.

Die Reformatoren fanden nun, wie die Bekenntnissschriften zeigen, die Definition der Scholastiker vor, und aus dem Gegensatz zu dieser ist ihre eigene Definition der Erbsünde erst näher zu begreifen (vergl. Apologie, S. 54; Calvin, Inst. II, 1, 8 u. ö.).

Die Erbsünde wurde also, wie gesagt, als eine carentia justitiae originalis angesehen; dies erschien jedoch den Reformatoren nicht genügend, weil die Scholastiker den Menschen, der jener Gerechtigkeit entbehrt, freilich falsch definirten — nämlich als einen zum Guten wie zum Bösen gleicherweise Lenkbaren, und jene justitia dabei als etwas dazustehen kam, ohne die sich zur Noth ganz gut leben lässt. Abgestossen durch diese scholastische (und später tridentinische) Irrlehre konnte die „Apologie" (Seite 54 f.) schon nicht genug den Menschen, wie er seit Adam's Fall geworden, herabsetzen und gerieth nun in Bahnen, welche Flacius dann einseitig verfolgte, wohingegen dessen Gegner, um sich von ihm loszumachen, wieder, wenn auch ohne es zu wollen, mehr nach Pelagius hinüberneigten. Luther's Ausdrücke sind mehr als massiv. Die Concordienformel (Seite 662) spricht von einem

---

[1] Anselm de orig. pecc. Cap. 3: Originale peccatum non est aliud quam iniustitia, i. e. absentia debitae iustitiae. Ebenso Hugo von St. Victor: Adam hatte blos aufgehört, das Gute zu wollen — et ideo malum nihil est, cum id, quod esse deberet, non est — oder: Peccatum nec substantia est, nec de substantia, sed privatio boni (bei Hagenbach, Seite 411).

Stein und Klotz, wozu der Mensch bei dem Werke der
Bekehrung herabgesunken sei. Aber auch die reformirten
Symbole, obschon viel massvoller im Ausdruck, als die lutherischen, stellen die Sache so dar, dass auch bei ihnen die
Frage bleibt: Ist die Sünde eine Eigenschaft des Fleisches,
die demselben als eine böse Krankheit inhärirt (vitium naturae),
oder nicht? Und sofern man unbestimmt zwischen beiden
Klippen hin- und herschwankte, so lag immer die Gefahr nahe,
an der einen oder anderen Klippe zu scheitern, d. h. entweder
flacianisch oder dann mehr pelagianisch die Erbsünde zu
definiren.

Die Erbsünde — sagen wir — ist anders zu definiren. Der
Mensch, das Geschöpf Gottes, ist seit dem Fall und Ungehorsam
der ersten Eltern im Paradiese in eine grundverkehrte Stellung zu Gott gerathen, er ist Gott fremd geworden, um fortan
sein eigener Herr zu werden. An der Substanz der menschlichen Natur, an ihren Facultäten ist dadurch aber nichts verändert. Nur die Richtung ist verkehrt und centrifugal geworden.
Was sich forterbte, ist laut Röm. 5, 12 ff. der Tod (d. h. der
geistliche, leibliche und ewige Tod) und nicht irgend ein ver-
dorbener Same der Sünde, der zufolge natürlicher Abstammung von Adam vererbt würde. Vielmehr ist das Mittel,
wodurch der Tod über alle Menschen kommt, die positive
göttliche Anordnung oder Imputation (V. 15, 16).

Der creatürliche Mensch ist von Anfang an bestimmbar.
Er trägt die Kette der Creatürlichkeit. Von ihm gilt nicht, dass
er ein Gott (parvus in suo genere Deus) auf Erden ist (ver-
gleiche dagegen „eritis sicut Deus") — aber auch nicht, dass
er seines Glückes Schmied sein soll. Er ist nur bestimmbar.
Sich zum Bösen zu bestimmen, ohne Anstoss, ist der
Mensch ebensowenig im Stande, als zum Guten, ohne
Anstoss.

Gott nun veranstaltete es so, dass der Mensch gleich
anfangs unter den Einfluss des Guten zu stehen kam und
somit das Gute that. Er schuf ihn im Bilde Gottes, nach

seiner Gleichheit (Gen. 1, 26). Was dies heisst, wird dann erst recht deutlich, wenn wir die Wiederherstellung des gefallenen Menschen (nach Eph. 4, 24; Col. 3, 9) in Betracht ziehen. Paulus blickt hier auf den anfänglichen Zustand hin, wenn er redet von dem neuen Menschen, den wir nach Ausziehung des alten anzuziehen hätten. Er bezeichnet nun diesen neuen Menschen als einen Gott gemäss geschaffenen ($\varkappa\tau\iota\sigma\vartheta\acute{e}\nu\tau\alpha$) in Gerechtigkeit und Heiligkeit, wie sie nach Wahrheit ist. Diese apostolischen Ausdrücke enthalten eine Umschreibung jener Ausstattung, welche Mose mit den Worten: „Im Bilde Gottes, nach seiner Gleichheit" kennzeichnet. Die Wiedergeburt ist eine neue Schöpfung, die aber nach der Vorschrift der alten bestellt ist, ohne etwas davon-, noch dazuzuthun. Der Stand im Bilde Gottes, in dem der Mensch nach der Gleichheit Gottes war, ist also etwas, was man von dem Menschen hinwegnehmen kann, ohne die Creatur Gottes selbst aufzuheben. Es ist dem Apostel weiter eigenthümlich, die Bewegungen des neuen Menschen unter dem Bilde von verschiedenen Gewändern darzustellen, die man anzuziehen habe (Col. 3, 12 f.). Grund und Veranlassung für solche Umwandlung ist Christus, der Geist, den Christus vom Vater her sendet, oder der Stand in Christo oder in der Gnade (z. B. 2. Cor. 5, 17; Gal. 5, 16. 18. 25; Röm. 5, 2). Und ganz ebenso ist nach Gen. 1, 26 Grund für die Gleichheit mit Gott der Stand im Bilde Gottes.

Wenn wir nun die Creatur aus jenem Stande hinausgetreten denken, so bleibt diese Creatur intact; nur freilich, dass diese Creatur nicht, wie die römische Kirche lehrt, immer noch genug übrig behält, um sich wieder mit Hilfe des Gnadengeschenkes Christi selbst zu rehabilitiren. Sondern nach dem Falle ist der Mensch und zwar sein Ich mit den dem Menschen anerschaffenen höchsten Gaben (siehe Calvin, Inst. II, 1, 9) aus der rechten Stellung herausgetreten und dem Tode als Herrscher, dem Gesetz als unbarmherzigen Treiber preisgegeben. Selbst die allerbesten Anstrengungen verhelfen dem also gefallenen Menschen nicht zu jener Stellung zurück, die er im Anfang innegehabt hat. Es verhält sich also mit der Erbsünde nicht wie mit einem Gift, das als fremde Substanz dem Organismus der Menschen aufgedrungen worden[1]) und ihn nun desorganisirte. Sondern wir sagen: Der Stand ist schlecht, darum ist das Werk schlecht. Die Erbsünde besteht primo loco in der carentia justitiae originalis (oder dann imaginis divinae) und der aversio a Deo. Das Todesverhängniss, das durch die Uebertretung Adam's über alle Nachkommen kam, ist die Wurzel aller Sünden der Einzelnen; ganz abgesehen von den Sünden der Einzelnen ist nach V. 14 der Tod — als geistlicher, leiblicher und ewiger[2]) — für alle Einzelnen in Kraft. Von der Uebertragung und Vererbung der Sünde etwa als einer bösen Materie durch die natürliche Erzeugung sagt Paulus nichts. Die Heilige Schrift, besonders Paulus, ist weit entfernt von der pythagoreisch-platonischen Ansicht, dass die Sünde in den Leib zu versetzen sei und durch den Leib fortgepflanzt werde.

Weiter aber tastet die Erbsünde auch keineswegs den Wesensbestand des Menschen an und haftet nicht in der Seele wie Rost, Flecken oder Runzeln, vor welchem Missverstand man sich selbst protestantischerseits nicht genugsam hütete, um der Erbsünde recht gewiss zu sein und sie nicht etwa mit Rom als blossen Zustand der Privation — wo man des donum supranaturale beraubt sei — zu erklären. Im Wege der Imputation sind alle Menschen Sünder geworden, gleichwie sie im Wege der Imputation Alle gerecht sind, so Viele ihrer gerecht gesprochen werden (Röm. 5, 18 f.). Sollten wir auf die natürliche Erzeugung Gewicht legen, um längs dieses Canals die Sünde sich fortleiten zu lassen, so gestehen wir ihr Substanz zu und gerathen auf Manichäismus und persischen

---

[1]) Wie z. B. selbst Calvin, Inst. II, 1, 8 sagt: „Dass Alles in und an dem Menschen, Vernunft und Wille, Seele und Leib, von dieser Begierde befleckt und gänzlich voll seien."

[2]) Dies ist die richtige Auslegung Augustin's. Man vergleiche Suiceri Thesaurus eccl., p. 1344, s. v. θανατος, wo die Ansichten der alten Väter stehen.

Dualismus. Ganz etwas Anderes ist es aber, dass nun durch den Defect der ursprünglichen Gerechtigkeit der menschliche Zustand angetastet und verändert worden und der innere Organismus nicht mehr gleichmässig functionirte, die inneren Seelenbewegungen nicht mehr in jenem aequale temperamentum, in solchem Gleichgewicht zu einander standen, wie vor dem Falle Adam's; ja vielmehr, dass, entgegen dem göttlichen Gesetz, welches Liebe Gottes und des Nächsten forderte, die Neigung, Gott und den Nächsten zu hassen, im Menschen hervortrat. Aber diese „Neigung" ist keine böse Substanz, sie hat überhaupt nicht den Charakter von etwas per se subsistens, das da durch die natürliche Erzeugung fortgepflanzt werden könnte, sondern sie ist Abweichung und wird nur im Zusammenhalt mit der geraden Linie, die das Gesetz vorschreibt, als Abweichung und böse Neigung ersichtlich. Ohne das Gesetz, das im Herzen eingeschrieben und durch das Gewissen, wie durch die Offenbarung auf Sinai wach gehalten ward, wäre die Sünde todt (Röm. 7, 8); und was bei den Thieren entschuldbar ist — der Krieg aller gegen Alle — wäre dies auch bei uns Menschen. Alles, was man zur Tugend zu rechnen pflegt, würde relativ werden und abhängen von dem Triebe und dem Instinct, oder im besten Falle von der Opportunität und Utilität. Der Begriff der Tugend selbst entlehnt seine Wirklichkeit (Realität) dem göttlichen Gebot; gibt es keinen Gott, so gibt es keine Tugend — Tugend wäre dann Dummheit oder Schwäche.

Von Anfang an aber hat Gott der Herr keinerlei Mitwirkung von Seiten des Menschen gefordert. Derselbe sollte im Paradiese nur wandeln in Werken, die Gott ihm an die Hand gegeben (Eph. 2, 10 ist aus dieser Vorstellung geflossen) und das paradiesische Gebot dient nicht einer moralischen Vervollkommnung, sondern ist gegeben, um die Linie zwischen dem Schöpfer und Geschöpf zu ziehen, längs welcher das Geschöpf einhergehen und so den Schöpfer zu respectiren lernen soll. Das Gebot ist conditio sine qua non der Erschaffung

des Menschen. Und so haltlos und impotent in sich selbst ist die
Creatur, dass sie auch mit dem göttlichen Gebot im Paradiese,
trotz ihres Standes im Bilde Gottes, nichts anzufangen gewusst
hätte, wenn nicht Satan in Gestalt der Schlange den Menschen
sollicitirt haben würde, Stellung zu nehmen und den anerschaffenen guten Stand im Bilde Gottes zu behaupten. So nöthig
ist Satan im Paradiese, dass wir ohne ihn nicht einmal die
Stellung des Menschen begreifen werden. Satan bringt die
Anfechtung des Gehorsams Adam's. Die Anfechtung stammt
nicht aus dem Innern des Menschen — dann wäre bei Adam
die Sünde entstanden — sie stammt auch nicht aus dem an
sich todten Baume. Sie stammt vom Teufel, dem Vater der
Lüge. Der nackte Gehorsam unter Gottes Wort, dessen ratio
(oder letzte Gründe) Adam nicht durchschaut und zu durch-
schauen braucht, kommt durch des Teufels Versuchung auf
die Probe. Adam soll versucht werden und ohne Sünde die
Versuchung bestehen. Er soll die Klippe, welche durch Satans
Versuchung ihm in den Weg gestellt wird, umschiffen. Es war
aber eine Klippe, auf der Gottes Gebot als Warnungssignal
aufgepflanzt war. Fuhr Adam um die Klippe herum, so
wich Satan von ihm, Adam wäre in seinem guten Stande
bestätigt und er wäre nach vollendetem Lebenslauf aus dem
irdischen in das himmlische Paradies, ohne zu sterben, sofort
versetzt worden. Dies geschah nun aber nicht, dass Adam
beharrte; die Sünde wurde begangen, das Lebensschiff Adam's
strandete.

Diesen einen Fall und Ungehorsam unserer ersten Eltern
hat aber Gott der ganzen Nachkommenschaft zugerechnet.
Der in Genesis 2, 17 angedrohte Tod ist zu Allen hindurchgedrungen. Die Augustinische Uebersetzung in Röm. 5, 12
(in quo omnes peccaverunt) ist zwar nicht richtig, aber auch
die wörtlich genaue Uebersetzung, „auf welcher Todesbasis sie
Alle gesündigt haben"[1]), führt auf das gleiche Resultat. Dies

---

[1]) Neuerdings haben Ritschl, Lipsius, von Hofmann und Dietzsch eine
ähnliche Deutung des ἐφῷ gegeben.

Resultat ist: dass die Sünde Adam's Allen das Todesurtheil (κατάκριμα) brachte. Adam's Sünde brachte Tod; dieser Tod drang durch zu allen Menschen, und von solchem (ἐφ' ᾧ) Tode (nach göttlicher Anordnung) abhängig, haben Alle gesündigt. Auf eine nähere Erklärung lässt der Apostel sich nicht ein; er constatirt hier blos aus der Geschichte, wie sie seit Gen. I vor ihm liegt und durch Christus ihren vorläufigen Abschluss empfangen hat; denn die Auflösung des Räthsels findet sich erst in dem Verlauf des fünften Capitels, und zwar durch den Hinweis auf das Gegengewicht, welches Christus, der demnächst folgende Adam, bildet. Der Begriffsreihe: Sünde, Tod — Tod, Sünde entspricht in Röm. 5, 15 ff. andererseits: Gehorsam, Leben — Leben, Gehorsam. „Gleichwie durch eines Menschen Sünde der Tod in die Welt gekommen und dieser Tod zu Allen hindurchdrang, woraufhin sie Alle gesündigt haben — also ist durch des anderen Menschen, Christi, Gehorsam das Leben zu Allen hindurchgedrungen, woraufhin sie Alle als Gerechte (im Leben) herrschen werden durch Jesum Christum." Also könnte man das Resumé von Röm. 5, 12 bis 21 in aller Kürze angeben.

Wir erklären hier nun auch nicht, sondern constatiren für diesmal nur, was paulinische Lehre ist, indem wir für weitere Informirung auf die demnächst herauszugebende Dogmatik verweisen.

Blicken wir nun auf das Gegenstück zu dieser schauervollen, aber doch zugleich weisen Anordnung des Todesverderbens in Adam's Geschlecht, nämlich auf die Sendung Christi hin — so stehen beide in einem von Gott geordneten Zusammenhang und haben vielfache Analogien mit einander. Wir constatiren auch hier nur, dass wir nach richtiger Auslegung in dem erlösten Christen eine Creatur zu sehen haben, die in Christo geschaffen ist zu guten Werken, welche Gott zuvorbereitet, dass wir darin sollen gewandelt haben (Epheser 2, 10). Der Christ ist eine Creatur, aber eine neue. Es ist eine zweite Schöpfung, deren Resultat der Christ ist. Dieselbe hat aber mit der ersten dieses gemeinsam: dass sie in Christo geschah, wie jene durch das Wort, welches im Anfang war (Col. 1, 16. 17). Ferner haben beide dies gemeinsam, dass die Geschöpfe beidemal in die Fülle der Güter hineinversetzt werden, die Gott in Christo zuvorbereitet. Drittens haben beide Schöpfungen dies mit einander gemein, dass der Mensch beidemal vollkommen geschaffen ist, und als solcher nichts zu der Vollkommenheit hinzuthut. Das einzige Gebot, das auch bei der zweiten Schöpfung ihm gestellt wird, ist Glaube. Der Mensch soll allen Anfechtungen gegenüber bei dem Wort des Lebens verharren. Die Hoffnung darauf, dass solches Beharren wirklich eintreten werde, will Paulus eben (Röm. 5, 12 bis 21) bei den Christen bestärken. Das „um wie viel mehr" ($\pi o \lambda \lambda \tilde{\omega} \ \mu \tilde{\alpha} \lambda \lambda o \nu$), welches wir wiederholt hier lesen, bildet den Grundton der ganzen Auseinandersetzung, und es ist ein „um wie viel mehr" aus göttlichem Munde und nach göttlicher Anordnung. Gott würde nicht diesen wunderbaren Bau, dessen Eckstein Christus ist, dieses köstlichste System seiner Weisheit veranstaltet haben, wofern nicht durch Christus auf ewige Weise dargestellt worden wäre, was Adam verdorben hatte. In der Grossthat der Sendung Christi, der das Unmögliche möglich machte, liegt der feste Ankergrund der Hoffnung des Christen — auf $\zeta \omega \grave{\eta} \ \alpha i \acute{\omega} \nu \iota o \varsigma$ (Röm. 5, 21). Es muss nämlich nach Adam's Fall eine Befugniss gesucht werden — dass Gott den Sünder berufen, gerecht sprechen und verherrlichen kann (Röm. 8, 30). Das Evangelium enthüllt uns diese Befugniss; es enthüllt „Gerechtigkeit Gottes" (Röm. 1, 17). Christus ist der Grund, und durch die Sendung seines Sohnes offenbart Gott den Rechtstitel, in Kraft dessen er den Gottlosen gerecht spricht (Röm. 3, 25; vergl. Cap. 4, 5).

Das erste Modell, Adam, ist seither beseitigt, und Christus das Modell der neuen Schöpfung geworden. Christus ist als der Urheber einer Linie der Kinder Gottes an die Spitze des Ganzen gestellt. Auf den ersten folgte alsbald der zweite Adam.

# ABSCHNITT III.

---

## Die Incarnation des göttlichen Wortes.

Nach diesen Vorbemerkungen treten wir an das Problem von der Incarnation des göttlichen Wortes oder des Logos heran. Nach dem im Vorigen Bemerkten fallen alle Anderen — ausser Adam und Christus — für die Betrachtungsweise des Apostels weg, und von den Beiden geht Alles aus, was wir besitzen. Von dem ersten Adam: unser natürliches Dasein, von Christus: unser geistliches Dasein.

Wenn der Sohn Gottes seinen Verpflichtungen als Erlöser genügen wollte, so musste er seine Descendenz von Adam ableiten können; er musste des Weibes Same sein (nach Gen. 3, 15). Und hier fragt es sich nun: ob seine menschliche Natur, welche er bei der Empfängniss durch die Jungfrau annahm, übereinkommt mit der gegenwärtigen menschlichen Natur, oder mit derjenigen Adam's vor seinem Falle?

Die Frage löst sich, wenn wir sagen, dass nicht zwischen der Natur vor dem Falle und nach dem Falle zu unterscheiden sei, sondern zwischen Stand und Stand. Vor dem Falle stand der Mensch mit allen seinen hohen und höchsten Eigenschaften im Bilde Gottes — d. h. er war umflossen von Gottes herrlichen Eigenschaften, die ihn mit dem reichsten Inhalt ausstatteten, und so war er in diesem Bilde zugleich nach Gottes Aehnlichkeit, d. h. zur Antheilnahme an den göttlichen Eigenschaften bestimmt, soweit dies der Creatur zusteht (vergl. Gen. 1, 26). Nach dem Falle dagegen ward der Mensch auf

seinen eigenen Lebenskreis angewiesen und zeugte Kinder nach
seiner Gleichheit (1. Mos. 5, 3), Kinder, die dem Tode, als
dem Widerspiel des früheren Lebens, und allen Folgen des
Todes, besonders der Sünde unterworfen waren. Als zusammenfassenden Ausdruck für diesen neuen Habitus, der seit dem
Falle dem Menschen zu Eigen geworden, bedient sich die Heilige
Schrift des Wortes „Fleisch" (schon Gen. 6, 3). Christus, der
Sohn des Menschen, stand nun gleichfalls diesseits der Pforten
des Paradieses, nicht aber jenseits. Seine menschliche Natur,
seine σάρξ, war in allen Stücken der unsrigen ähnlich
(Hebr. 2, 14); er hatte kein anderes genus carnis, als das
vorhandene; sonst müssten wir eines anderen Erlösers warten,
der ausser Allem, was jener Christus besessen, auch noch in
dem, worin Jener nicht uns gleich war, uns gleich geworden
wäre. Nur so macht man mit der vollen Menschheit Ernst.
Hebräer 2, 14 lesen wir nicht: „Christus sei des Fleisches und
des Blutes theilhaftig geworden, ausgenommen die Sünde", wie
es gern eingeschränkt zu werden pflegt. Ganz ohne jegliche
Einschränkung heisst es vielmehr Hebr. 2, 17: „Er musste in
allen Stücken den Brüdern gleich gemacht werden, um ein
barmherziger und treuer Hoherpriester zu sein." Endlich kommt
hier in Betracht, dass Jesus Christus wohl in der Lage gewesen
wäre, sich unserer zu schämen, sofern wir ein verrufenes Geschlecht sind; er habe es jedoch nicht gethan, sondern er ist
mit seinen Brüdern derselbigen Natur theilhaftig geworden
Hebr. 2, 11. 12). Um die Frage: „ob" unser Heiland auch
hinsichtlich der Sünde den Brüdern gleich geworden, würde
es sich aber freilich nur dann handeln können, wenn Sünde
sich längs des Canals von Fleisch und Blut forterbte und wenn
die Uebertragung der Sünde überhaupt durch die Erzeugung
geschähe. Dann hätte Christus eo ipso Sünde in sein Wesen
aufgenommen! Dies ist nun, wie wir früher gesehen haben, nicht
der Fall. Nach Gottes gerechtem Urtheil, und zwar kraft Adam's
Uebertretung, geschah es, dass wir Alle dem Tode und der Sünde
unterworfen sind, und nicht kraft der physischen Erzeugung.

durch seine Beschneidung, und nunmehr auferweckt, um in Lebensneuheit zu wandeln (Röm. 6, 4; Col. 2, 12).

Das Resultat ist also: Um solche Wirkungen auf uns ausüben zu können, muss der Logos zum Leibe der Sünden des Fleisches, den er in der Beschneidung ablegte, in einer durch seine Fleischwerdung gegebenen Beziehung gestanden haben. Ebenso: um aus dem Tode aufzuerstehen, muss er den Tod geschmeckt und einen Leib des Todes getragen haben. So allein kommt es dahin, dass wir durch den Glauben Mitgenossen seiner Beschneidung, seiner Leiden, seines Todes werden, um demnächst auch Mitgenossen der Auferstehung, mithin Theilnehmer an den Früchten jener stellvertretenden Handlungen des Erlösers zu werden.

Und so verstehen wir denn die Worte des Paulus (Röm. 8, 3): „Unser Herr ist in Gleichheit eines Fleisches der Sünde hier auf Erden gewesen." Das will aber sagen, die Vorbedingungen, aus denen bei uns unwiderruflich Sünde auf Sünde hervorgeht — diese nahm auch der Heiland auf sich, als er, der Logos, Fleisch wurde. Diese waren eben conditio sine qua non dessen, dass er im Fleische einhergehen wollte (1. Joh. 4, 2). Machen wir uns das noch etwas deutlicher.

Ausserhalb des Bildes Gottes stand unser Herr. Deshalb war er nun in der Lage, immerdar, die ganze Zeit seines Lebens auf Erden, eines Haltes zu bedürfen und ihn in der Finsterniss hienieden zu suchen — man vergl. die εὐλάβια (Hebr. 5, 7), die Scheu vor Gott, die ihm eigen ist, und zwar in der Kraft des Heiligen Geistes (Luc. 4, 1). Unser Heiland bedurfte der Hilfe (ἱκετηρία) und hatte sie zu suchen längs des Weges, den Gottes Gebot und Gottes Lebensführungen ihm vorschrieben und auf diesem Wege gehorsam zu folgen, statt zu verfügen und zu befehlen, wie es ihm als Sohn wohl angestanden hätte (Hebr. 5, 7. 8). Auch unser Heiland ließ sich bestimmen. Zum Gehorsam liess er sich bestimmen durch das Gesetz seines Gottes. Zuerst schon da, wo lediglich seine Eltern über ihn verfügten. Am achten Tage lässt er sich beschneiden. Wiewohl er der Sohn ist, empfängt er an seinem Leibe die Bestätigung, dass er Gott zu dienen an sich, und so wie er da ist, nicht geeignet sei — dass er den Tod verdient habe — aber von Gott aus wunderbarer Barmherzigkeit angenommen werde zu seinem Kinde. Jener göttliche Gnadenact, wonach Gott einst Adam am Leben liess, auch nach dem Fall, und ihm sogar eine Verheissung gab, erhält hier seine Erklärung und Rechtfertigung, und zwar enthüllt sich hier, dass es nach Gerechtigkeit geschehen sei. Zum Erweis der Gerechtigkeit Gottes, dass es also vollauf gerecht sei, wenn er seit so lange das Sacrament der Beschneidung mittheilt dem schuldbeladenen Samen Abraham's — wird auf den Sohn Gottes Beschlag gelegt, auf den echten Samen Abraham's, und Christus wird beschnitten. Gott findet in Christo das Mittel, um die Forderungen seiner Liebe mit denjenigen seiner Gerechtigkeit auszugleichen. Dem sich selbst verklagenden Sünder wird der Blick auf Christus eröffnet, an den sich die göttlichen Strafforderungen[1]) und die Forderung des Ersatzes durch Gehorsam[2]) als an den allein dazu Geeigneten richteten. Das Verdammungsurtheil über alles Fleisch erging auch bei der Jordantaufe über ihn, und er liess es über sich ergehen; aber gerade durch solchen Gehorsam, wobei das Recht der höchsten Majestät, also zu verfahren, voll anerkannt und von dem Sohne Gottes öffentlich genehmigt wurde, forderte er Gott heraus, ihn aus der Verdammung des Fleisches wieder zu entnehmen und lebendig zu machen nach solchem Tode und ihm den Namen Sohn, ja geliebter Sohn, an dem der Vater Wohlgefallen hat, zu ertheilen (Matth. 3, 17). Der Zorn Gottes war zufriedengestellt, als von einer solchen Seite sein Recht anerkannt wurde. Das einstige $\pi\alpha\rho\acute{\alpha}\pi\tau\omega\mu\alpha$ war mit der Wurzel ausgerissen und durch dieses $\delta\iota\varkappa\alpha\acute{\iota}\omega\mu\alpha$ (Röm. 5, 15), diese gerechte Handlungsweise, ersetzt.

---

[1]) Die sogenannte obligatio ad poenam.

[2]) Die sogenannte obligatio ad obedientiam.

Es handelt sich hier darum, dass in der Welt der Geister Gott mit den Forderungen seiner Gerechtigkeit zur Anerkennung gelangt. Adam hatte sich durch seinen Fall unmöglich gemacht; Gott die Ehre geben, die ihm gebührt, ihn um Verzeihung bitten, auf sich die Strafe nehmen, die unendliche des Todes — das konnte er nicht. Dazu hatte Adam keinen Beruf von Gott und keine Befähigung. Und ebenso wenig konnte Jemand nach ihm Solches thun — abgesehen von dem, der mehr denn Adam war — abgesehen von Christo. Adam hätte bleiben sollen in dem guten Stande, dies allein war ihm aufgetragen. Nach dem Fall ist ihm die Rolle eines Anfängers und Vollenders unserer wichtigsten Angelegenheiten nicht ferner aufgetragen worden. Man spielt nicht Komödie im Himmel, wie in der Kirche Roms, wo der Papst die Rollen vertheilt und sie durch seine Priester einstudiren lässt — Alles ad maiorem hominis gloriam et Dei ignominiam.

Im Himmel, in der Welt der Geister, gilt aber freilich des zweiten Adam's Ankunft im Fleische, sein Gehorsam in der Versuchung, sein Leiden und Sterben Alles. Dieser nämlich, der Sohn des Menschen, leistet durch seinen Gehorsam Gott den nöthigen Ersatz. Er ehrt seinen Vater — sein blosses Dasein zeugt schon dafür — er ehrt ihn, indem er die Forderungen des Gesetzes (Beschneidung, Reinigung im Tempel, Taufe im Jordan) erfüllt und sich dies zur obersten Aufgabe macht, Gehorsam zu lernen („Nicht mein — sondern Dein Wille geschehe") und in solchem Wege des Gehorsams die Sache auf's neue anzufangen und zu Ende zu führen, ein Ende, das der Vater auf Golgatha ihm vor Augen gestellt (Hebr. 5, 8 f.). An unserer Stelle und zu unserem Besten hat der Erlöser den göttlichen Willen an die Menschheit — an alles Fleisch — erfüllt. Sein Gesammtgehorsam — δικαίωμα — trat an die Stelle des Ungehorsams Adam's — des παράπτωμα. Als Stellvertreter unterzieht er sich dem mit seiner Berufung gegebenen Thun des Willens Gottes einmal thätig (obedientia activa) und erfüllt, was uns zu thun oblag. Es geht aber seine stellvertretende Genugthuung

weiter dahin, dass er das der sündigen menschlichen Gesammtheit geltende Leiden als Strafe auf sich nimmt (obedientia
passiva) und zwar als solche, die kraft des innigen, von dem
Erlöser aber gewollten Zusammenhanges mit uns als ihn
persönlich treffend von Gott gemeint und auch von Jesus
empfunden ward.

Aber nicht in unerschütterlichem Seligkeitsgefühl wandelte
der Herr diese ihm durch Gottes Berufung und das Gebot
vorgeschriebene Strasse. Auswendig war Satans und der bösen
Menschen Versuchung zu überwinden; inwendig war Furcht
und Unruhe.

Furcht und Unruhe verursachten dem Heiland die in seiner
Seele vorgehenden Bewegungen, also die $\pi\acute{\alpha}\vartheta\eta$ (Affecte), die
an sich weder gut noch böse, aber doch Lust oder Unlust in
der Seele zur Folge haben und die Seelenstimmung afficiren.
Unser Heiland hatte Begierde, Zorn, Furcht, Liebe, Eifersucht, Sehnsucht, Mitleid. Das Evangelium Johannis 11, 33
redet vom Zürnen mit heftigem Affect; wir vernehmen von
Beunruhigung ($\dot{\varepsilon}\tau\acute{\alpha}\rho\alpha\xi\varepsilon\nu\ \dot{\varepsilon}\alpha\upsilon\tau\acute{o}\nu$) und Erschütterung seines Ge-
müthes; das Gleiche fand statt Joh. 12, 24, als die Griechen
ihn belästigten. Vergl. Matth. 9, 30; 26, 37; Marc. 1, 43 u. ö.

Es war also vollauf in dem Heiland das Vermögen und
die Fähigkeit, Zorn, Trauer oder Mitleid u. a. m. zu empfinden.
Das richtige Mass nun in diesen $\pi\acute{\alpha}\vartheta\eta$ zu halten, die richtige
Verhaltungsweise ($\delta\iota\acute{\alpha}\vartheta\varepsilon\sigma\iota\varsigma$) in jedem einzelnen Moment einzuhalten — war Sache des Urtheils auch bei dem Heiland,
welches wiederum durch den Gehorsam unter des Vaters Willen
sich leiten liess und im Leiden sich bewährte und immer mehr
sich bewährte und hervortrat. Wenn unser Heiland also in
Furcht und Unruhe sich befand, so that er damit nichts Un-
gehöriges, noch ist er darum etwa der Sünde zu zeihen. Aber
wohl ist das Vermögen, solche Affecte zu empfinden, unumgänglich für den wahren Menschensohn, den zweiten Adam,
wenn anders er versucht werden wollte (vergl. Hebr. 4, 15).
Und das wurde er; ja er ward, wie Hebr. 4, 15 sagt, ver-

sucht in allen Stücken, in gleicher Weise wie wir, ohne Sünde, d. h. ohne dass er der an seine $\pi\acute{\alpha}\vartheta\eta$ $\acute{\alpha}\delta\iota\acute{\alpha}\beta\lambda\eta\tau\alpha$ (den an sich berechtigten, von Gott uns eingepflanzten Affecten) sich wendenden Versuchung zur Sünde nachgab. Nur unter solcher Voraussetzung, dass er nämlich versucht wurde, kann auch der Heiland Denen, die versucht werden, helfen, dass sie nicht in den Versuchungen unterliegen (Hebr. 2, 18).

Von aussen stürmte auf ihn ein Satan, die Wuth der Feinde; ihm stand im Wege Fleisch und Blut der Seinigen und die Mitleidenschaft, in die er, als im Fleische einhergehend, mit dem Leben und Leiden, sowie auch den Versuchungen seiner Brüder gezogen war, ja vielmehr, der er von Gott, dem Vater selbst, nach dessen gerechtem Urtheile, unterworfen war. Nicht, dass wir meinten: Jesus sei in der Weise in allen Stücken versucht worden, dass ihm nichts erspart worden, und ein Gebot nach dem anderen an die Reihe gekommen wäre. Er war nicht der Universalmensch neuerer Theologen; ein Spiegel etwa, in dem alle Lichter und Irrlichter sich reflectiren. Er war Abraham's, er war David's Sohn und Diener der Beschneidung, die Verheissung Gottes an die Väter zu bestätigen (Röm. 15, 8). Satan sparte für ihn die hohen und eigentlichen Versuchungen auf und verfuhr mit ihm gemäss seiner hohen, einzigen Berufsstellung. Zur Uebertretung jener Gebote also, die uns so nahe liegen, ward die unschuldige Seele unseres Heilandes nicht versucht, sondern Satan setzte dort ein, wo unser Erlöser am ehesten anzufassen war — bei den Geboten der ersten Tafel. Er versuchte (Matth. 4) unseren Herrn mit Anerbietungen, die von vornherein ganz unverfänglich erschienen, ihm aber sofort zum Fallstrick geworden wären, wenn er auf sie eingegangen wäre. Zum Ueberglauben (Brot aus Steinen zu machen), zum Aberglauben (von der Zinne des Tempels aus sich dem Volke zu empfehlen), und zum Unglauben (Satan neben Gott anzuerkennen) wollte ihn Satan verführen. Alle drei Versuchungen verlangten von Jesu eine Entscheidung, und zwar sollte er, nach Satans Willen, eine solche treffen, die

Gott und dessen klares Gebot beseitigte. Jesus, voll des Heiligen
Geistes (nach Luc. 4, 1), zugleich aber unseres Fleisches theil-
haftig, wies diese Versuchungen zurück und schaffte Gott damit
einen Ersatz für jene Nachgiebigkeit, die alles Fleisch in solchen
Versuchungen dem Satan beweist. Er deckte unser Deficit.
Er gab nicht nach, wie einst der erste Adam, sondern aus der
Anfechtung rettete er sich auf den sicheren Boden des Willens
seines Vaters — unter Anrufung Seines Namens.

Und was nun seinen weiteren Lebensweg anlangt, so
dürfen wir dem Heilande nicht alle möglichen Versuchungen
und Anfechtungen andichten, in die er nicht gewilligt und die
er abgewiesen hätte. Wir müssen auch hier bei den hohen
eigentlichen Versuchungen stehen bleiben, die ihn an seinem
Gott irre machen wollten. Es sind dies Versuchungen, die
auch David kannte und im Wege des Berufes lagen. Jesus
konnte demnach mit David (Psalm 30, 6) aus eigener Erfahrung sagen[1]): „Ein Augenblick vergeht in seinem Zorn"  —
denn länger konnte auch er es nicht aushalten. Und aus eigener
Erfahrung konnte er hinzufügen (Psalm 30, 6): „Ein Leben
verstreicht über dem Genuss der Huld Gottes." Sobald als er
den Zorn auf sich, den Bürgen, stossen fühlte, so flüchtete er
sich zur Huld und griff Gottes Stärke an. Mit vollem Recht
bezieht Luther auf Christum die Worte des dritten Busspsalms
(Psalm 38, 4): „Vor meiner Sünde. Vor dem Erkenntniss
meiner Sünde. Denn die Pfeile Gottes und zornigen Sprüche
machen gegenwärtig die Sünde im Herzen, und davon wird
inwendig Unruhe und Erschrecken des Gewissens und aller
Kräfte der Seele und macht ganz krank den Leichnam. Und
wo es also stehet, so stehet es recht mit dem Menschen; denn
so hat es Christo gegangen." Ferner sagt Luther zu V. 4:
„Und also gleichwie Christus zugleich lebendig und todt wahrhaftig war, also zugleich müssen sie voll Sünde und ohne

---

[1]) Dass die Gebete David's zugleich Christi Gebete seien, ist ein Gedanke, welchen Luther oft und mit Nachdruck wiederholt; vergl. z. B. zu
Psalm 22, Erl. Ausgabe XVII, S. 182.

Sünde sein, die rechte Christen sind." Es waren Augenblicke, wie jene in Gethsemane und am Kreuz, in denen der Heiland die ganz unermesslichen Folgen jenes Zusammenhangs mit uns, welche die Fleischwerdung dem Logos vermittelt hatte, an sich erfuhr. Unter Thränen, ja unter herabfallenden Blutstropfen rang er bei diesem Erleiden des Zornes und war gewiesen an einen Unsichtbaren, der sich — uns zu gut — in solchen Momenten von ihm fernhielt. Die Dünste des Abgrundes, die das Fleisch betäuben und seiner Seele so fremd waren, da er der Heilige Gottes ist, hat er gleichwohl an sich empfunden; die Zurechnung der Sünde Adam's schnitt auf's Tiefste in seine zarte Seele ein, und das Tragen unserer Sünden (Joh. 1, 29) drohte oft ihn umzustossen (Jes. 53, 6. 12); die Schwachheit des Fleisches, um Gottes Willen als das Natürlichste von der Welt zu thun, drohte ihn zu überwältigen. Freilich aber ist zu sagen, dass durch ewigen Geist (Hebr. 9, 14) er solcher Schwachheit des Fleisches in keinem Stücke nachgab, sondern dass er in solchen Augenblicken den Sieg davontrug und von sich stiess, was ihn an der Erfüllung seines uns zu gut kommenden Berufes hindern wollte. Und so hat er unser Fleisch von all diesen Schwachheiten errettet und uns die Uebergänge vom Gefühl des Zornes zum Leben in den Tagen seines Fleisches (Hebr. 5, 7) zubereitet und die Sünde aus dem Mittel gethan; ja vielmehr Gott hat sie hingerichtet in dem Fleisch, d. h. in Christi Fleisch, und eben damit in dem Fleische Derer, die an Ihn glauben (vergl. Röm. 8, 3. 4 u. 7, 4: „Ihr seid getödtet dem Gesetz durch den Leib Christi, d. h. da dieser getödtet wurde"). Er wurde zwar getödtet, wie Petrus sagt, am Fleische (1 Petr. 3, 18), aber lebendig gemacht am Geiste. Einmal, und da ganz und gar, ist er gestorben der Sünde (Röm. 6, 10) — nicht also, dass er ihr je gelebt hätte; vielmehr was er lebt, lebt er Gott, im Gehorsam gegen ihn, ohne Aufhören.

Hier aber müssen wir etwas still stehen, um ein Wort gegen die Auffassung einiger neuerer über dies Problem sich verbreitender Schriftsteller zu sagen. Um mit dem jüngsten anzufangen, so ist es Pfarrer Bula, ein Schweizer, der über „Die Versöhnung des Menschen mit Gott durch Christum" geschrieben. Das Irrige in der Zeichnung des Erlöserbildes ist dies, dass Bula das Fleisch, das der Logos annahm, zu einem habituell sündlichen oder zu einer Art Sammelplatz alles dessen, was Fleisch in seiner ausbündigsten Form je gewesen und aus sich gezeugt, macht. Indem der Logos blieb, was er von Ewigkeit war, und nun dieses Fleisch mit seinem ganzen habituellen Trotz, Wesen und Streben zu nichte machte (Bula S. 178), so setzte er damit Gott in seine Ehre und sein Recht wieder ein. Dies ist verkehrt und streift an die Askese, wobei der Mensch über dem Menschen, der göttliche Theil über dem niedrigen irdischen schwebt, und der eine Theil dem anderen feindlich gegenüber tritt und der höhere endlich den niederen vertilgt. Je gewaltiger die Hemmnisse sind, die der Asket erfährt, desto höher ist der Sieg zu preisen, die der höhere Theil über den niederen davongetragen. Und so bringt Bula wirklich es dahin, dass unser Erlöser zu einem Urbild von Glaubens-Exercitien und gewissermassen einer Glaubens-Askese wird, und das Schema das Leben gänzlich überwuchert. Aehnlich macht es Edward Irving, nur dass dieser den niederen Theil (d. h. das Fleisch, in dem die Sünde sitzt) von dem höheren geheiligt werden lässt. Der heilige Wille macht das Fleisch unsündlich. Irving nimmt eine natürliche, sündliche Substanz und einen heiligen Willen in der menschlichen Natur des Heilandes an. Das natürliche Wesen wird vom geistlichen betäubt und in beständigem Tode gehalten. Christus hasst das Fleisch, das in ihm wirksam ist, er packt den natürlichen Menschen in ihm gleichsam bei der Gurgel und strangulirt ihn[1]). Gerade aus diesem Process, in welchem der Erlöser das Fleisch dem Geist unterwarf, empfangen wir Kraft, und es geht Lebensmittheilung, ja vollkommene Heiligkeit von da auf uns über; kurz, die Fähigkeit, die Natur des Fleisches in

---

[1]) Christ's Holiness in flesh 1831; pag. 12, 52, 118, 119.

ihr Gegentheil umzuwandeln[1]). Beide, Bula wie Irving, stehen in Gefahr, Jesu Wandel in den Tagen seines Fleisches Farben zu leihen, die zwar aus ihrer eigenen Erfahrung mögen geflossen sein, aber darum noch nicht auf den Erlöser passen. In Verkennung des eigentlichen Wesens und Ursprungs der Sünde wird von einem actuell-sündlichen, rebellischen Fleische geredet, als ob dies etwas zur Einleitung eines Glaubenskampfes auch bei dem Heiland Nöthiges gewesen wäre.

Wenn der Logos Fleisch wurde, so nahm er das Fleisch nicht an, wie einen Kerker; es war keine Unnatur und kein Zwang im Spiele, sondern er war und nannte sich gern „des Menschen Sohn"; was er war, das war er ganz, gern und willig. Aber es galt nun, in den Tagen seines Fleisches weislich zu handeln[2]) und sein Fleisch und damit das unsrige dorthin zu stellen, wo es vor Gott stehen soll — in Gerechtigkeit.

Viel weiter, als die Genannten, irrt Gottfried Menken vom Wege der Wahrheit ab. Eine rechte Trinität gibt es bei ihm nicht, wie sie denn bei allen neueren Dogmatikern, welche nicht wie Philippi und Frank in Erlangen die Alten reproduciren, fehlt. Der Heilige Geist wird in Cap. II[3]) des Menken'schen „Versuchs" nicht als Person gefasst. Christus ist das Ebenbild der Gottheit; gleichsam die über des ersten Adam's Kopf hinaus im göttlichen Wesen und im Rathe Gottes schon hergestellte Projection dessen, was der Mensch endgiltig werden soll. Adam's Fall ist eine Ueberleitung zur höchsten Offenbarung Gottes in der Menschheit. Der Freiheit der Creaturen wird Zeit gelassen, und auch die Offenbarung der Liebe Gottes lässt sich Zeit, bis sie in der Mitte der Zeiten hervortritt. Die Gerechtigkeit Gottes ist nichts Anderes als die Liebe Gottes. Mit der Menschwerdung des Sohnes Gottes tritt das Urbild in's Diesseits ein; Jesus ist der ganzen menschlichen Natur,

---

[1]) S. 58.

[2]) Jes. 52, 13 f.

[3]) Versuch einer Anleitung zum eigenen Unterricht in den Wahrheiten der Heil. Schrift, S. 178 ff.

wie sie nach dem Falle ist, von seiner Mutter theilhaftig geworden. Seine Aufgabe ist nicht jene, welche Schrift und Bekenntniss ihm vorzeichnen: dass er sich als Christus pro nobis, als Sünde und Fluch von Gott behandeln liess und also aus dem Wege geschafft wurde — als der Welt Sündopfer und περικάθαρμα, sondern eine ganz andere. „Gott hat ihm[1]) den Adamischen Leib zubereitet und ihn in der Gestalt des sündhaften Fleisches in die Welt gesendet, damit er also das Sündopfer werde für die Sünde der Welt, wenn er selbst sich ohne allen Wandel Gott opfern würde durch den ewigen Geist; oder unsere Sünde, die menschliche Sünde, in seinem angenommenen menschlichen Leibe opfern, tilgen, vernichten würde an seinem Kreuz." Von einer Strafe, die er als Mittler und Versöhner des Menschengeschlechts für die Sünde der Welt erduldet habe, könne keine Rede sein. Die Aussage des Heidelberger Katechismus 37: Dass Christus an Leib und Seele, die ganze Zeit seines Lebens auf Erden, sonderlich aber am Ende desselben, den Zorn Gottes wider die Sünde des ganzen menschlichen Geschlechts getragen hat: diese von allen Reformatoren mit Recht hochgehaltene Wahrheit wird eine „erschreckliche" genannt. Die Stellen Jes. 53, 5 und Gal. 3, 13 werden kühn wegerklärt! Menken hat im Grunde einen ingrimmigen Hass gegen die Lehre der Reformatoren, und es zeugt für die völlige Urtheilslosigkeit gewisser gläubiger Kreise, wenn (wie zumal früher geschah) Menken von ihnen so besonders geschätzt wurde.

Als Rest bleibt bei ihm nun Folgendes übrig. Jene im Lehrstück von dem Ebenbilde Gottes (Capitel II) vorgenommene Projection dessen, was der Mensch eigentlich werden soll, kommt später zur Geltung. Das Urbild gewinnt Wirklichkeit, eine Wirklichkeit, welche uns zu gut kommt. „Dem Sohn Gottes ist gleicher Weg, gleiche Arbeit, gleicher Kampf verordnet, wie seinen Brüdern; er hat mit seinen Brüdern die

---

[1]) A. a. O. S. 224.

gleiche Regel, dieselbe Aufgabe des Lebens, das Unter-
thansein demselben Gesetz. Als solcher hat er (nach S. 203 f.),
unter den allerschwersten Prüfungen, den allervollkommensten
Gehorsam gegen Gott bewiesen, und so, durch sein Wohl-
verhalten, eine Gnadenerklärung, eine Rechtfertigung
über das ganze Geschlecht gebracht, wie das schlechte Verhalten des ersten Adam eine Verdammniss über dasselbe
gebracht hat. Damit ist die Folge des üblen Verhaltens ihres
Stammvaters in der Prüfung, die ein Unrechtleiden für alle
Nachkommen mit sich bringt, aufgehoben. Das im Paradiese
uns angethane Unrecht, unter dem wir litten, wird durch
Christus abgestellt und uns vergütet. Die Gerechtigkeit unseres
Mittlers endlich wird unter gewissen Bedingungen die unsrige,
das heisst, wenn man sie im Glauben annimmt. Durch den
Christus in uns können alle Menschen erlangen, was sie
von Natur nicht haben, und werden, was sie von Natur nicht
sind, wozu sie aber doch nach Gottes Rathschluss schon bestimmt und demnach fähig sind. Also der Christus in nobis,
der als Princip im göttlichen Rathschluss schon in Aussicht
genommene, bei der Rechtfertigung sodann uns eingepflanzte
Christus, verdrängt den Christus pro nobis. Der Nachdruck,
mit welchem Menken die Gestalt des sündhaften Fleisches bei
Christus hervorhebt, hat seinen Grund in dem Bestreben, um
ihn den Gläubigen thunlichst gleich, und die Wahrheit seiner
menschlichen Natur sicher zu stellen. Wie Christus kämpfte,
sollen auch die Christen kämpfen; gleichwie er geprüft
wurde, so sollen auch sie geprüft werden; und wie er sich
selbst vor der Sünde bewahrte, so sollen auch sie es thun und
können auch sie von der Sünde ganz frei werden und eine
göttliche Herrlichkeit erlangen oder seinem Bilde ähnlich
werden[1]. Christus hätte, wie alle Menschen, sündigen können,
heisst es Cap. VI, § 5. Lebensmittheilung an den Sünder[2],
nicht Rechtfertigung des Sünders vor Gott (s. Röm. 4, 5), ist

---

[1] S. 178 und 209.
[2] Vergl. VII, 14 des Versuchs.

Menken's Hauptaugenmerk. Er steht weit von den Reformatoren ab.

Aber auf der anderen Seite gerathen auch die neueren lutherischen Orthodoxen in's Schwanken: sie, die die sanctitas Christi, Christi heilige Natur, zwar mit vollem Recht und auf's schärfste betonen, aber von der Fleischwerdung des Logos nicht den rechten Gebrauch zu machen wissen. Da gesteht z. B. der Erlanger Professor Frank[1]) es ein: „Für den Sündlosen gab es keine andere Form, in welcher die Strafe für der ganzen Welt Sünde auf ihn gelegt werden konnte, als indem auf ihn gelegt wurde die Tyrannei des Satans, in welcher alles Uebel und alles Leid der Welt beschlossen liegt." Damit wird die Unterstellung Christi unter den Zorn Gottes abgewiesen und die Aeusserung der satanischen Macht mit dem Verhängniss des göttlichen Zornes identificirt. Damit fällt aber eigentlich das stellvertretende Strafleiden (wie Philippi IV, 2. 136 mit Recht bemerkt) dahin. Die Tyrannei des Satans mit allen ihren Uebeln und Leiden ist dann nur Erduldung derjenigen Leiden, die für uns, nicht aber für ihn Strafe sind. In der That ist aber der Erlöser unmittelbar für seine Person diesem Zorn- und Strafgericht Gottes als unser Stellvertreter unterstellt gewesen. Man warf es einst Calvin vor, dass er lehre: Christus habe nicht blos den Tod gefürchtet, sondern auch den Zorn Gottes, sofern er als Schuldiger vor Gottes furchtbaren Richterstuhl sich stellte[2]). Gleichwohl hält Calvin daran fest, dass Christus sich gefürchtet habe und wer anders lehre, verstosse gegen die Elemente der Frömmigkeit. Und so legt er Hebräer V, 7 denn auch aus: sensu carnis sustinuit Dei iudicium, cuius terror sine arduo conatu vinci non poterat.

Frank aber, bei seiner obigen Abirrung vom lutherischen Bekenntniss, weiss sich eben nicht zurecht zu finden. Wenn er die Fleischwerdung des Logos in ihrer ganzen Tiefe verstanden,

---

[1]) Theologie der Concordienformel II, S. 45.
[2]) Corp. Reform. 45; Opp. Calv. S. 238 f.

so hätte er in dem Λόγος σαρκωθείς den Gegenstand des göttlichen Zornes gefunden.

Aber Philippi selbst lässt es an der Erkenntniss der Fleischwerdung des Logos fehlen und auch ihm bleibt deshalb kein anderer Ausweg, als dass er (IV, 2, S. 32) sagt: „Es ist der absolute Tod an dem absoluten Gott vollzogen." Damit käme das alte, längst abgewiesene Kirchenlied wieder zu Ehren, welches singt:

„O grosse Noth — Gott selbst ist todt."

Ebenda aber kommt man auf Eutychianismus hinaus, und das aus keinem anderen Grunde, als diesem, dass man die Fleischwerdung und die daraus für den Logos resultirenden Folgen verkennt. Bei der rechten Einsicht in die tiefe Vereinigung der zwei Naturen in Christo, wie sie besonders Luther zum Trost der Gemeinde aus der Heiligen Schrift hervorgeholt[1]), würde man nicht auf solcherlei Sätze kommen, wonach Gott eigentlich sich selbst zum Object des Zornes gemacht hätte. Dem entgegen bekennen wir mit der Confessio Belgica Art. 19: „Wir bekennen, dass Christus wahrer Gott und wahrer Mensch ist; **wahrer Gott**, damit er durch seine Macht .den Tod besiege, und **wahrer Mensch**, damit er in der Schwachheit seines Fleisches für uns den Tod erlitte." Also Christus ist als Mensch gestorben — als Fleischgewordener war er ein Gegenstand des göttlichen Zornes — als Gott hat er den Tod überwunden, wie Luther dies so schön zu Gal. 3, 13 ausführt. Beide Naturen sind bei der Erlösung thätig gewesen, beide haben sie mitgewirkt, um ein die Sünde der Menschen aufwiegendes Verdienst zu erwerben, so aber, dass die göttliche und die menschliche, wie schon Bischof Leo[2]) sagte, je das ihre leisteten und nur ihren Zusammenschluss fanden in dem Einheitsbande der Person des Erlösers. Alle solche disparate Aussagen, wie: „Christus hat gelitten und ist gestorben,

---

[1]) Vergl. Dorner, Entwicklungsgeschichte II, 523 bis 529.

[2]) In seiner Epistola encyclica.

er ist ein Fluch geworden, Gott hat ihn zur Sünde gemacht", oder: „Er vergibt Sünden, er gibt das Leben der Welt, richtet sie und erweckt die Todten" — finden ihren Zusammenschluss in der beide Naturen in Eins zusammenfassenden Person des Erlösers[1]).

Um den Erlöser so weit als möglich von jeglichem Antheil an Sünde, Schuld und Fluch zu entfernen, behauptet schon Menno Simons in seinen Disputationen mit Micronius (in Ostfriesland)[2]): der Logos habe sein Fleisch vom Himmel mit sich gebracht. Was nämlich aus Maria entstanden, dies stünde zu sehr im Geschlechtszusammenhang mit uns, um Garantien für die völlige Reinheit des Erlösers zu geben. Menno sagte: totam Adae subolem absque exceptione sub peccato concludi; ideoque Christum si ex hominibus originem traxerit non posse eximi a communi lege (nämlich dem Fluch)[3]). Calvin in seinem kurzen Gutachten an Micronius sagt dagegen: Christus habe die natura angenommen, ohne das accidens der Sünde — aber den von Menno erhobenen Schwierigkeiten wird dadurch nicht begegnet, wenn man zwischen unserem Fleische und dem himmlischen, das Menno erdichtet, noch ein drittes Fleisch aufstellt, ein solches, das bei der Empfängniss im Leibe Mariä gereinigt worden wäre. Johannes a Lasco, der eine längere Schrift gegen Menno's Annahme von einem aus dem Himmel mitgebrachten Fleische Christi schrieb, fasst die Sache gründlicher in's Auge[4]). In dieser wichtigen Schrift wird wirklich Ernst gemacht mit der incarnatio Christi. Er zuerst wird solchen Stellen, wie Hebr. 2, 14. 17. 18, in vollem Umfang gerecht. „Nos certi sumus", sagt er dem Menno, „Christum Dominum

---

[1]) Vergl. Calvin's Institutio II, Cap. 16 und Zwingli, Opp. III, S. 525.

[2]) Sie sind von Martin Micronius 1556 herausgegeben unter dem Titel: Een waerachtig verhaal der t'zamensprekingen tusschen Menno Simons ende M. Mikron van der Menschwerdinghe Jesu Christi; vergl. besonders S. 44 bis 47.

[3]) S. Corpus Ref. 38, S. 175.

[4]) Opera a Lasco ed. Kuyper I, p. 5 ff.

veram carnem eamque humanam, hoc est nostram, habuisse, juxta quam tentatus, passus ac mortuus quoque est." Er betont es stark (p. 32), dass nach der Fleischwerdung der Logos etwas geworden, was er zuvor nicht war: aliud quoddam Christum nunc esse, quam tunc erat, cum verbum duntaxat esset. Unter „Fleisch" versteht er (p. 36): totum hominem carne simul ac spiritu constantem; neque enim verbum exanimis caro factum est. Und sodann macht a Lasco p. 47 folgenden wichtigen Syllogismus, der dem Menno nicht wenig anstössig sein mochte. Er sagt: „Was unserem Fleisch nach Gottes Gericht zugedacht war, das muss auch in unserem Fleisch abgezahlt und gebüsst werden, damit der unabänderlichen Gerechtigkeit Gottes Genüge geschehe, sollen wir anders gerettet werden." „Der Tod war unserem Fleische als Strafe für den Ungehorsam durch Gottes ewigen und unabänderlichen Richterspruch bestimmt." Der Schluss ist nun: „Jener Tod (geistlicher, leiblicher und ewiger) habe in unserem Fleische und nicht in einem andersartigen abgezahlt und gebüsst werden müssen, weil derselbe nur über dieses unser Fleisch verhängt und keinem anderen zugedacht war, auf dass wir errettet werden möchten." Dies wendet a Lasco sodann auf Christi Erlösungsthat an und fordert, dass er unsere Natur angenommen haben müsse[1]). Selbst die abstracte Möglichkeit, dass Christus nach seiner menschlichen Natur habe sündigen können, fordert a Lasco, damit er habe versucht werden können, was ihn in Verwandtschaft mit neueren Behauptungen bringt, gegen die wir uns verwahren müssen. Der Schluss seiner Auseinandersetzung gipfelt in dem schönen Satz, dass Christo vor Allem die Verheissung Gottes gelte, und dass Gott nach der seinem Volk gegebenen Verheissung es nicht zulassen werde, dass, was aus Fleisch geboren, auch als solches sich erweisen werde[2]). Damit entkräftet er Menno's Einwurf, dass es doch bei

---

[1]) Vergl. die Confessio Belgica, Art. 20 im Anfang.
[2]) P. 60.

Johannes 3, 5 heisse: „Was aus Fleisch geboren ist, das sei Fleisch"; daher auch Christus, wenn er nicht sein Fleisch vom Himmel mitgebracht, Fleisch und Sünder sei. Lasco eröffnet die Perspective auf den Satz, dass wer aus Fleisch geboren, darum doch nicht nach Fleisch wandeln müsse. Gott habe dies zu bestimmen und sorgt dafür bei Christus, dem für uns Fleisch gewordenen Logos, dass es nicht geschehe.

Es war ein ernster Kampf; die Mennoniten drangen ungestüm auf die Vertreter der Kirchenlehre ein und hielten ihren Christus hoch über dem Abgrund des Fleisches; sie wollten ihm lieber ein vom Himmel gekommenes Fleisch beilegen, als im Geringsten einen Contact mit der sündigen Menschenart gestatten. Jedoch wurde damals der wirklich fruchtbare Disput nicht weiter fortgesetzt. Man zerfleischte sich unter einander um weit geringerer Dinge willen. Des Zanchius Schrift: „De incarnatione filii Dei"[1]) ist schon völlig abgestandenes Wasser, und nach der Reformationszeit hatte man leider noch weit mehr die Manie, sich um Nebendinge zu zanken und den grossen Hauptlehren des Christenthums mit andächtiger Scheu aus dem Wege zu gehen.

In der Neuzeit weiss man kaum mehr, um was es sich bei der Stellvertretung Christi eigentlich handelt. Es gilt aber, das Strafobject, den Bürgen, nicht zu verlieren. Es gilt, nicht an dem Schleiermacher'schen blossen „Mitgefühl Jesu" mit unserer Sünde hangen zu bleiben[2]), sondern mit der kirchlichen Lehre darüber hinaus zu gehen. Christus hat den Zorn Gottes über die Sünde, als ihn persönlich treffend und auf ihm ruhend, empfunden. Nicht aus purem Mitgefühl rang er in Gethsemane, sondern das Gefühl des göttlichen Zornes hatte er als sein persönliches Selbstbewusstsein (Matth. 27, 46). Ein solcher Bürge muss aber freilich zu beiden Parteien, Gott und Mensch, eine tiefere Beziehung haben, als solche in

---

[1]) S. Operum theologicorum D. Hieron. Zanchii, tom. VIII.
[2]) S. Der christliche Glaube, § 104.

jenem Gedichte Schiller's („Die Bürgschaft") zwischen den
zwei Freunden einerseits und dem Bürgen und Tyrannen
andererseits besteht. Soll die Seele zur Ruhe kommen, so muss
sie wegen der Person des Bürgen volle Sicherheit haben:
Sicherheit darüber, dass in Zeit und Ewigkeit wegen der Recht-
mässigkeit solcher Bürgschaft kein Bedenken entstehen kann.
Sicherheit insbesondere darüber, dass Gott (nach Jes. 53, 5. 7)
für den Erlöser die Leiden als Strafe angeordnet habe, so
dass Jesus ein für allemal an seinem Fleische dieselben
erduldet, wobei dann die Concurrenz der göttlichen Natur den
Werth dieser Genugthuung erhöhte, so dass nunmehr die Person
des Logos unter dem Zusammenwirken beider Naturen gänzlich dem Vater genug gethan. Wo es sich also um Genugthuung eines beleidigten Vaters im Himmel handelt, da kann
die Seele sich nicht leichthin damit zufrieden geben, dass man
Dorner's oder auch Philippi's Erklärungen des Geheimnisses
adoptirt. Was heist dies: es ist der absolute Tod an dem absoluten Gott vollzogen (Philippi IV, 2, S. 32)? Wird Gott
sich selbst zum Gegenstand des Zornes machen? Eines Zornes
freilich, der so gross ist, dass nach Ursin (Expl. Cat. Pal.,
p. 171) ihm nicht einmal durch die gesammte ewige Verdammniss der Engel und Menschen genug geschehen würde.
Würde damit nicht Alles zum Spiel der Gottheit? Was will es
ferner sagen, wenn Dorner (II, 2, S. 645) mit Schleiermacher
behauptet: „Allerdings konnte der Sohn nicht persönlicher
Gegenstand des Zornes oder der Ungnade des Vaters sein.
Er war und blieb Gott wohlgefällig auch in seiner Stellvertretung." Es sei nicht an ein Aufgeben seiner sittlichen Persönlichkeit, nicht an eine Vertauschung seiner Person mit der des
Menschen zu denken. Wenn dergestalt die Stellvertretung nicht
zu einer commutatio personarum führt[1]), wenn keine Güter-
gemeinschaft zufolge der Fleischwerdung des Logos herrscht,

---

[1]) Luther sagt dagegen (zu Gal. 3, 13): „Sic feliciter commutans nobiscum
suscepit nostram peccatricem et donavit nobis suam innocentem et victricem
personam. Hac induti liberamur a maledictione legis."

gemäss welcher Luther Christum sagen lässt: Ego sum peccator
tuus, oder umgekehrt die Gemeinde sagt: Ego, Christe, sum
peccatum tuum, maledictum tuum, mors tua, ira Dei tua,
infernus tuus[1]): dann sind wir weit von dem Trost der Stellvertretung verschlagen. Wenn Gottes Sohn nicht in dem Masse
der Unsrige ist, zufolge der Fleischwerdung, dass Gott selbst
keinen Unterschied mehr machte zwischen ihm und uns, dann
kann jeder Zweifel von neuem aus dem Schlupfwinkel der Seele
losbrechen und er wird es thun. Alle schönen Redewendungen
Philippi's und Dorner's werden ihm kein Halt gebieten. Der
leiseste Schatten der Ungewissheit genügt, um die bekümmerte
Seele selbst wieder Hand an's Werk legen zu lassen und sich zu
sagen: „Dann musst du selbst ewig büssen — denn gebüsst ist es
noch nicht von einem Solchen, der meinem Gott und mir
genügte." Die bekümmerte Seele ist in dem Rechtspunkt sehr
empfindlich und lässt sich nicht so leicht zur Ruhe bringen.
Dass also dem Zorne Gottes wirklich genug geschieht, konnte
nur von einem Wesen übernommen werden, das persönlich
Gott — also stärker denn alle Creaturen — zugleich aber ein
wahrer und gerechter Mensch wäre (Heidelberger Katechismus 15). Wahrer Mensch, sofern er uns in Allem gleich
geworden; gerechter Mensch, sofern in ihm die Verheissungen
von dem gerechten Spross David's (Jerem. 23, 5; 33, 15;
vergl. Jes. 53, 11), verwirklicht worden und er der Heilige
Gottes nach Aller Anerkennung, und nicht im gewöhnlichen
Sinne ein Adamskind wie wir Alle gewesen. An seiner Menschheit hat der Erlöser aus Kraft seiner Gottheit die Last des
Zornes Gottes getragen (Heidelberger Katechismus 17; vgl.
Niederl. Glaubensbek. 19 a. E.).

---

[1]) Luther, Enarrationes in Genesin, Cap. 49, 11, und im Commentar zu
Gal. 3, 14.

# ABSCHNITT IV.

## Sündlosigkeit Jesu.

Vielfach ventilirt ist die Frage nach der Sündlosigkeit
Jesu. Wir gehen auf sie nunmehr ein.

Bei der Versuchung Jesu seitens des Satans ist es ganz
verkehrt zu sagen: Jesus hätte auch sündigen können; die
Möglichkeit der Sünde war auch bei Jesus gegeben. Dies wird
von Neueren, wie Ullmann, festgehalten, weil es sonst keine
Versuchung gewesen und Jesus kein Vorbild sei für uns (Sündlosigkeit Jesu, S. 51). Es schiebt sich also stets bei den Neueren
der kämpfende Heros dem echten biblischen Jesus unter und
verdrängt letzteren. Wir urtheilen anders.

Gott hat Jesum durch das Sacrament der Beschneidung
zu seinem Kinde erklärt, ihn, welcher der Ausführer dieses
Bundes war, und als solchem den Heiligen Geist gegeben.
Fortan ist es nun nicht nöthig, dass unser Herr auf der
scharfen Linie zwischen Gut und Böse einhergehe, beständig
vor die Wahl zwischen beiden gestellt, um etwa zu zeigen,
was aus der menschlichen Natur Alles zu machen sei, wovon
denn unsere neueren Theologen weidlich träumen. Sondern er,
der Gesalbte des Herrn, der Gott Heilige und Geweihte, war
aller Dinge mächtig durch den, der ihn mächtig machte. Er
beharrt in dem Gnadenbunde als der Knecht Jehova's und
erfährt, dass der Vater ihn unterstützt und an ihm Wohlgefallen hat (Jes. 42, 1). Er hatte die Verheissung (2. Sam.
7, 14): „Ich will sein Vater sein und er soll mein Sohn sein."

Auf ihm, dem Reis aus Isai's Baumstumpf, wird ruhen der Geist Jehova's, der Geist der Weisheit und des Verstandes, der Geist des Rathes und der Stärke, der Geist der Erkenntniss und der Furcht des Herrn (Jes. 11, 2), und in Folge dieser Gnadenwirkungen des Heiligen Geistes wird er sein Wohlgefallen haben an der Furcht Jehova's, nicht aber richten, geblendet durch den Augenschein, nicht nach dem, was seine Ohren hören, sich entscheiden (Jes. 11, 1 bis 5). Wo der Geist des Erlösers von solchen Gnadenwirkungen erfüllt sich zeigt, ist keine Frage mehr zulässig, ob er auch habe sündigen können, ob die Möglichkeit der Sünde, sei es in der Richtung der Gedanken, oder der Worte und Werke, auch bei Jesu gegeben gewesen sei.

Man wird uns einwenden: bei solcher Annahme wäre der Erlöser wiederum weit von uns, den Christen, geschieden und hätte keine wahre menschliche Natur gehabt! Weit gefehlt! Auch wir heissen Christen, Gesalbte mit dem Heiligen Geiste, und sind als solche zu Allem mächtig (Philipp. 4, 13). Aber abgesehen von dieser Salbung freilich sind wir ein fliegendes Blatt, dem Gesetz der Sünde in unseren Gliedern preisgegeben (Röm. 7, 23). Denn einem „Gesetz der Sünde" unterliegt der Mensch sofort, wo er sich einen Augenblick von dort entfernt, wo sein Schwerpunkt liegt — von dem Stande im Bilde Gottes, oder — in anderer Beziehung — dem $\nu\acute{o}\mu o\varsigma$ $\tau o\tilde{v}$ $\pi\nu\varepsilon\acute{v}\mu\alpha\tau o\varsigma$ $\tau\tilde{\eta}\varsigma$ $\zeta\omega\tilde{\eta}\varsigma$ $\varepsilon'\nu$ $X\rho\iota\sigma\tau\tilde{\omega}$ $I\eta\sigma o\tilde{v}$ (Röm. 8, 2). Es verhielt sich nicht anders mit Adam vor dem Falle. Derselbe sollte, gut erschaffen wie er war — im Bilde Gottes, nach der Gleichheit Gottes — den Gehorsam bewähren im Wege der Anfechtung — ohne Sünde, ohne den Irrweg zu wählen. Dazu ward ihm ein Gebot gegeben, dazu auch, um dies Gebot in Wirksamkeit zu setzen, Satan im Paradiese zugelassen.

Und ebenso wieder Jesus, der Heilige, d. h. Gott von seiner Empfängniss an Geweihte, soll, freilich auf anderem Boden ($\grave{\varepsilon}\nu$ $\sigma\alpha\rho\varkappa\acute{\iota}$) stehend, als Adam vor dem Falle, gleichwohl Gehorsam lernen aus seinen Leiden und so, versucht, umstürmt

von Leiden und Anfechtungen und Schwachheitszuständen, zu
einem glücklichen Ende kommen (τελειωθείς Hebr. 5, 9), dass
des Herrn Rath durch seine Hand Fortgang und ein gutes
Ende nehme (Jes. 53, 10). Wer will Christum einer Sünde
zeihen, wenn er in Gethsemane (das für ihn so schwer wiegt
als Golgatha) zagt, bis ihm Blutstropfen vom Körper fielen,
da er mit dem Tode rang. Es war sein Beruf, der ihm solches
auferlegte. Wer will ihn einer Sünde zeihen, wenn er Wein
trank und in Cana zu Tische mit den Seinen sass? Er genoss,
was Gott beschieden. Und wenn er an Lazarus' Grabe, ergrimmt
über das ihn erstickende fleischliche Mitleid der Juden, oder
dann über die Neugier der Griechen, sich entrüstet (Joh. 11,
33; 12, 27): wer will ihn der Ungeduld zeihen, wo das Gegentheil eben Trägheit des Geistes, und Sanftmuth Lauheit gewesen sein würde! „Der Eifer um dein Haus verzehrt mich,"
ist ein Wort des Psalms, welches sich den Jüngern aufdrängte,
als sie den Zorn und Schmerz ihres Meisters über die Ver-
unreinigung des Tempels gewahrten (Joh. 2, 17). Er war ein
Mensch von gleicher Bewegung wie wir, so wenigstens schildern
ihn uns die Evangelien. Jener Eifer, womit besonders die
neueren Exegeten (Neander, Lücke, Ullmann, Müller, Tholuck)
seine Sündlosigkeit zu constatiren trachten, ist nur eine Be-
leidigung für den Heiland. Dieser ihr Heiland ist weder rechter
Gottes-, noch wahrer Menschensohn, sondern vielmehr ein
Wesen, bei dem eine Art Fusion der göttlichen und menschlichen Natur stattgefunden, so zwar, dass die göttliche Natur
hineinwächst in die menschliche und selbige emporhebt zu dem
Ideal, das diese Männer in ihrem Kopf herumtragen. Oder man
bescheidet sich endlich, auf gut rationalistisch, Jesus den vor-
bildlichen Menschen zu nennen, in welchem der göttliche Geist
im Keime vorhanden war, wie bei uns, und, wie bei uns heran-
wächst zu seiner Bestimmung — nämlich der Mensch par
excellence, der Mensch Gottes in der höchsten Potenz zu
werden. Ganz anders sagen wir: Sündlos war er, weil bei
einem Solchen, der Alles gehorsam seinem Vater überlässt und

nur thut, was der Vater thut, bei dem Knechte Jehova's Sünde
freilich nicht entstehen konnte. Diese entsteht in Wirklichkeit
lediglich da, und dann freilich unausbleiblich, wenn in dem
status quo des Menschen das Individuum vermittelst seiner
Deutung des Gesetzes sich zu Gott erst in das rechte Verhältniss setzen will.

Anders Christus! Dieser hat die Sünde aus dem Mittel
gethan und ihre Macht gebrochen, indem er dem Vater und
dessen Anordnungen gehorsam war, sich einen Leib zubereiten
(Hebr. 10, 5), sich beschneiden, für sich ein Reinigungsopfer
(Luc. 2, 22) bringen liess, später sich taufen und endlich
tödten liess. Und das Alles nicht aus eigener Macht und Kraft,
sondern also, dass er der Stimme des Geistes folgte und so
alles das darstellte, was wir unter Zuhilfenahme eines Gesetzes,
trotz aller Behelfe, die ein Gesetz der Sitten uns anbietet,
trotz der besten Vorsätze, der grössten Willensanstrengung
nimmermehr zu Stande bringen.

Diesen Christus, der Sünde gar nicht kannte, hat Gott
gleichwohl „Sünde" gemacht für uns, auf dass wir geworden
seien „Gerechtigkeit Gottes in ihm" (2. Cor. 5, 21). D. h. den
Unschuldigen und Gerechten hat Gott genommen und zur
äussersten Schmach des Kreuzholzes verdammt, verdammt
dazu, dass er als „Sünde" die Kreuzesstrafe über sich ergehen
lassen musste, anstatt ihm die verdiente Freude ohne Tod zu
kosten zu geben (Hebr. 12, 2). Wozu? Auf dass wir „Gerechtigkeit" geworden seien in ihm! Und ebenso heisst es,
dass Gott seinen Sohn sandte in Gleichheit des der Sünde
unterworfenen Fleisches und zwar um der Sünde willen und
vernichtete (verdammte) die Sünde in dem Fleische (Christi).
Wozu? Auf dass in Jenen, die nicht nach Fleisch, sondern
nach Geist wandeln, das, was das Gesetz zu fordern hat,
erfüllet sei (Röm. 8, 3. 4).

Die Kraft der Sünde ist das Gesetz; $\dot{\eta}$ δύναμις τῆς ἁμαρτίας
ὁ νόμος (1. Cor. 15, 56). Bei dem ersten Manne, dem Gesetz,
sind wir an Sünden fruchtbar in's Unendliche (Röm. 7, 4. 5).

Indem nun der Erlöser aus dem status quo, aus dem sothanen Verhältniss etwas Anderes zu machen verstand — wie es denn von ihm heisst: „Siehe, mein Knecht wird weislich handeln" (Jes. 52, 13) — so ist die Sünde paralysirt und vernichtet. Beständig wandte er sich ab von dem Thun des Fleisches, von dem Willen und dem Sinnen des Fleisches (Joh. 1, 13; Röm. 8, 6. 7) und nahm aus dem Gehorsam gegenüber dem Willen seines Vaters die Macht her, um die Sünde zu brechen. „Sünde herrschte nicht über ihn" (vergl. Röm. 6, 14), denn er bot ihr durch eigenwillige Deutung des Gesetzes und Willens Gottes keine Blösse, um einzudringen und ihre Gewalt geltend zu machen, wie bei uns, so wir nach Fleisch wandeln (Röm. 8, 4), d. h. also: das Gesetz eigenwillig deuten, geschieht. Sie betrog den Herrn nicht und zog ihn nicht auf ihre Irrwege; der Heiland fragte nur nach Gottes Willen und that, wozu der Geist ihn trieb. Und so verstopfte er den bei uns vorhandenen Born der Sünde, d. i. die eigenwillige Deutung des Gesetzes, und nahm ihr alle Gelegenheit, um in seinem inneren Leben vorzudringen und sich als einen $\nu\acute{o}\mu o\varsigma$ $\tau\tilde{\eta}\varsigma$ $\dot{\alpha}\mu\alpha\rho\tau\acute{\iota}\alpha\varsigma$ geltend zu machen, der den Menschen gefangen nimmt.

Unser Herr und Heiland war darum aber in keinem Moment seines Lebens ein $\ddot{\alpha}\nu o\mu o\varsigma$, sondern stets ein $\ddot{\varepsilon}\nu\nu o\mu o\varsigma$ $\vartheta\varepsilon\tilde{\omega}$. Aber dies realisirte sich im Wege des beständigen und immer mehr gekräftigten Gehorsams, den er gerade in seinen Leidenszuständen erlernte (Hebr. 5, 8). Es war dies bei dem Heiland nicht Sache des Vorhabens oder der Askese, als ob er ein Tugendmuster zu werden hätte! Es war dies ein von Gott ausgehender und Gott geziemender Weg, wobei es darauf angelegt war, den Erlöser durch Leiden hindurch zur vollen und letztlichen Erfüllung (Vollziehung) des Willens seines Vaters zu führen (Hebr. 2, 10). Es war auf Seiten Gottes ein $\tau\varepsilon\lambda\varepsilon\iota\tilde{\omega}\sigma\alpha\iota$ $\delta\iota\grave{\alpha}$ $\pi\alpha\vartheta\eta\mu\acute{\alpha}\tau\omega\nu$, auf welchem Wege allein Christus ein barmherziger Hoherpriester ward; geschickt, um Andere zu retten, fertig, um der Urheber einer ewigwährenden Errettung zu werden (Hebr. 2, 17. 18; Hebr. 5, 9); mächtig, um durch seine verdienstliche Leistung uns, die ihm gehorchen, den Stoss zu einer ewigen Bewegung in der gleichen Richtung zu geben.

Denn worauf kommt es eigentlich bei den in Adam Gefallenen an? Der erste Weg ist ungangbar geworden. Paulus sagt, der frühere Mann sei gestorben (Röm. 7, 1 ff.); das Gesetz ist ohnmächtig, weil Fleisch sich sträubt und ihm stets im Wege steht (Röm. 8, 3). Dieser Weg ist also aufzugeben; er führt nicht zum Ziel, sondern nur zur Verdammung des Sünders. Da sandte nunmehr Gott seinen Sohn, in Gleichheit des Fleisches der Sünde, Fleisch vom Fleische geboren (Joh. 3, 5), als einen, der im Fleische einhergeht, einen ἐρχόμενος ἐν σαρκί (1. Joh. 4, 2), und derselbe dient nun Gott, dem Vater, um die Sünde in dem Fleische hinzurichten.

Wo aber findet sich die Sünde? Und wo ist die Stätte der Uebertretung (παράπτωμα)? Die eigentliche Stätte ist verhohlen vor den Augen aller heidnischen Religionsstifter und Philosophen, sowie auch jener Theologen, die mit dem Kalbe der Philosophen zu pflügen lieben! Beginnen wir mit den Religionsstiftern und Theologen. Das Urbild der weit verbreiteten Anschauung, dass das Böse im Fleische oder dem materiellen Leibe[1]) des Menschen liege, findet sich schon im Buddhismus (im VI. Jahrhundert vor unserer Zeitrechnung), diesem Vorbild des römischen Katholicismus in den mannigfaltigsten Beziehungen. Es kommt, wie Happel in seinem, höchst naive Sätze, aber dabei auch Gutes enthaltenden Aufsatz[2]) über den Buddhismus bemerkt, Alles darauf an, das Ich frei zu machen von seiner Knechtung unter das materielle Princip. Es wurde die Wurzel des Bösen erkannt in der übermässigen Gewalt, welche der sinnlich selbstsüchtige Lebenstrieb über die menschliche Persönlichkeit erlangt hatte. Diese ist an die materielle Existenz gefesselt; gefesselt durch die Lüste und Begierden, welche wie

---

[1]) Unter den Griechen sahen Pythagoras und Heraklit bereits den Leib als Hemmniss der Seele an und viele Andere nach ihnen.

[2]) Die Verwandtschaft des Buddhismus und des Christenthums in den Jahrbüchern für prot. Theol. 1883, III. Heft, S. 413 ff.

das Ungeziefer sich vermehren. Von ihnen kann das Ich nur dann frei werden, wenn der Lust die Wurzel abgeschnitten wird, dann hat der böse Geist der Welt keine Gewalt mehr über uns. Es wird nun die Reinigung des innersten Kernes des menschlichen Personlebens, des Herzens, als die Hauptaufgabe des sittlichen Strebens erkannt. Und weiter unten (S. 414, Note 2): „Wie ein Spiegel, je mehr du ihn von Flecken reinigest, um so deutlicher die Bilder der Gegenstände zurückwirft, so wird auch die Seele in dem Masse, als sie die Schlacken der Sinnlichkeit und des Egoismus ausscheidet, des reinen, wahrhaften, irrthumsfreien Wissens theilhaftig. In dem Moment, in welchem die Sünde ganz ausgetilgt worden, geht die unendliche Erkenntniss auf"[1]. Happel ist nun der Meinung, dass in dieser sittlichen Betrachtungsweise Buddhismus und Christenthum, wie er dasselbe versteht, völlig übereinkommen. Wir meinen, dass er sich auf Viele berufen kann. Denn mit Baur angefangen bis zu Rothe, ja Dorner hin, liegen alle neueren Theologen, auch Edward Irving[2], unter dem Banne eines solchen Dualismus. Selbst Dorner theilt das Bestimmtwerden durch die ererbte Natur oder die Gattung, resp. das Böse in uns, oder den Hang zum Bösen, ab von der freien Selbstbestimmung, die erst mit dem Actuellwerden des $\nu o \tilde{\nu} \varsigma$ oder dem Freiwerden der moralischen Persönlichkeit, welche eine Aseïtät des Handelns schöpferischer Art besitzt, in Scene tritt. Dorner unterscheidet eben den psychischen Adam vor dem Fall von Christus als zweiten Adam, den Paulus den pneumatischen nennt (cf. Entwicklungsgesch. II, 1252), und indem diese höchste Empfänglichkeit der menschlichen Natur für das Göttliche in Christo eine Erfülkung bekommt, so wird Christus die bestimmende Macht über Alle (II, 1, 424). In Christus ist der principielle Anfang der neuen Menschheit gegeben. Das Christenthum wagt den Anspruch, dass der wahre Begriff des Men-

---

[1] Dieser Satz ist aus einem buddhistischen Werke.

[2] S. Christ's Holiness in flesh, S. 118.

schen formirt werde, nicht nach der Gesammtheit der empirischen Menschen, sondern nach Christus allein. Ihn stellt es allen Anderen als den Menschen gegenüber und deshalb, weil in ihm der Vollbegriff der Menschheit urbildlich in einer für Alle ausreichenden bestimmenden Kraft erschien und so in ihm die Kraft des Ganzen, der wahren Menschheit lebt, heisst Christus des Menschen Sohn, ist er Product nicht der empirischen, aber der Idee der Menschheit, alle Anderen zu vollenden bestimmt. Er ist Vollender der Schöpfung, die im ersten Adam nur begonnen war (S. 426). Also Jesus Christus ist entweder ein philosophischer Behelf, um die Entwicklung der Menschheit rein ausdenken zu können, oder eine Art Monstrum, das als Hebel gute Dienste leistet. Die Menschen haben sich nun der Macht des Geistes Christi (nach S. 459) zu überlassen, der aus Zweien Eins macht in uns, unseren empirischen Menschen sich aufgeben lässt an unseren idealen Menschen, damit der ideale aus seiner Nacht hervortrete in die Wirklichkeit in uns, und immer mehr in uns Gestalt gewinne. — Es handelt sich also einfach darum, der menschlichen Persönlichkeit auf ihrem Wege zum Ziele eine Beihilfe zu gewährleisten. Die Persönlichkeit des Menschen ist an eine Geschichte gebunden (S. 164). Von niedriger Stufe ausgehend, auf der die Persönlichkeit fast verschwindet und nur erst potentiell gesetzt ist, erhebt sie sich erst zu sich selbst, so dass jeder Mensch von Gott gewollt ist als ein eigenthümliches Wesen, das seinen sittlichen Werth oder Unwerth durch eigene Betheiligung festzustellen hat. Und nun beginnt eine Art psychischer Geschichte des Menschen nach der bekannten Trichotomie. Erst sitzt die Persönlichkeit noch im Fleische fest, sodann (auf dem gesetzlichen Standpunkte) löst sich der Mensch los und strebt nach Gerechtigkeit; aber die Freiheit ist noch immer gelähmt. Endlich, auf der dritten Stufe, kommt das Christenthum, um die Möglichkeit des Guten zu befruchten; der Mensch wird der Freiheit, der persönlichen Entscheidung wiedergegeben, und er wählt nun entweder Christum, oder er verwirft ihn. Dies ist die höchste Stufe, wo der Mensch steht wie Adam vor dem Fall und sich zum Menschen der höchsten Stufe, zum pneumatischen, hindurcharbeitet. Pelagianischer kann man es sich nicht denken, und es ist bedauerlich, dass solche pelagianische Gedanken sich noch gar in die Phrasen der Heiligen Schrift und unserer Bekenntnisse zu hüllen trachten. Solcher Pelagianismus reagirt nun sofort auf die Christologie. Bei dem Christus Dorner's wird die göttliche Natur verkürzt (ihr fehlt nämlich das göttliche Ich) und in gleicher Weise wurde die menschliche Natur verkürzt, und die Unio oder Fusion der menschlichen Natur mit dem Logos (einem fraglichen Etwas in der Gottheit) bildet ein gottmenschliches Ich (oder Person), und zwar zufolge eines Werdungsprocesses, an dessen Ende der Mensch Besitz von Gottes Thron genommen hat. Das ist in kurzen Worten die aus der Schale ihrer schillernden Einkleidung gelöste Christologie Dorner's (vergl. dessen Entwicklungsgeschichte der Lehre von der Person Christi II, S. 1273 und Dogmatik II, 1, S. 411 bis 421). Aber gerade unsere wahre Betrachtung von der Vereinigung der göttlichen und menschlichen Natur in der Person des Erlösers schneidet allem Pelagianismus die Wurzel ab. Hiernach that der Erlöser Alles und wird durch kein Entgegenkommen von Seiten der Menschen dabei unterstützt.

Viel consequenter, als die neueren Theologen, sprachen sich Plato und Aristoteles über das Böse aus. Plato sah das Böse an als einen uns auferlegten Zwang und meinte: „Wir seien wider unseren Willen böse" (Protagoras § 345). Direct gegen Plato ist dagegen der Satz des Aristoteles gerichtet: „Es steht die Tugend in unserer Macht und ebenso auch die Schlechtigkeit" oder: „Wenn — — unsere Tugenden freiwillige sind — — — so müssen auch unsere Laster freiwillige sein" (Eth. Nikomach. III, 5, § 2, § 20). Kant[1] endlich verlangt,

---

[1] Die Religion innerhalb der Grenzen der blossen Vernunft, II. Auflage, S. 54 f.

dass der Mensch den obersten Grund seiner Maximen, wodurch
er ein böser Mensch war, durch eine einzige unwandelbare
Entschliessung umkehrt und hiermit einen neuen Menschen an-
zieht. Also mit anderen Worten: Der Mensch muss gut sein
wollen — dann ist er es. Wenn er keinen guten Willen hat,
so muss er sich nothwendig einen anschaffen (sagt Fichte).
Das blosse Dasein des kategorischen Imperativs zeugt dafür,
dass der Mensch desselbigen Forderungen erfüllen kann. Christus
ist nun lediglich eine Luftspiegelung, in welcher der kate-
gorische Imperativ vorübergehend Gestalt gewonnen und uns
nach sich zieht. Kommen wir ihm aber zu nahe, so ist es eitel
Dunst. Und: Amen sagen alle grossen und kleinen Geister
auch in der Neuzeit; Alle sind sie mehr oder weniger von Kant
beeinflusst. Und es suchen Alle, Kleine und Grosse, mit ihrer
verkehrten Deutung und Anwendung des Gesetzes sich zu
der Gottheit in's rechte Verhältniss zu setzen und den freien
Willen nach besten Kräften zu gebrauchen. In allen ethischen
und dogmatischen Büchern herrscht die Rücksicht auf die
Philosophie, und nicht auf den Lehrer der Heiden, Paulus vor.
Nur dass dieselben sich darin von einander unterscheiden, dass
die Einen, auf Plato's Seite stehend, ein Böses, das uns Alle
bändigt, zwar zugeben und dies durch Christi Verdienst paralysirt sein lassen, worauf sodann der nunmehr Wiedergeborene
selbst die Sache in die Hand nimmt und zum Ziele führt;
während die Anderen mehr auf Aristoteles fussen und Jenen
damit widersprechen. Diese behaupten, es stehe gänzlich in des
Menschen Hand, ob er gut oder böse sein will — und Christus
ist, sofern man noch von ihm redet, lediglich ein Vorbild des
guten, normalen menschlichen Lebensverlaufes.

Jene erste Partei ist die der kirchlich angehauchten Theologen; diese Partei ist die der Rationalisten. Vielfältige Schatti-
rungen zwar bieten sich dabei dar; Dorner und Julius Müller
suchen nach Kräften sich mit dem Befund der biblischen
Exegese auseinanderzusetzen und ihr gerecht zu werden. Aber
es gelingt ihnen nicht. Im Grunde gehört jeder der Forscher,

die seit bald hundert Jahren das grosse Wort in diesen Fragen
geführt, einer Richtung an, die von der Philosophie sich beein-
flussen lässt, und nicht von Paulus, dem Apostel der Völker.

Wir sagen kühn, so seltsam es Vielen klingen wird: Jene
Alle haben zwar mit ihren Ohren von der Sünde gehört, jedoch
den Weg dazu, um sie hinzurichten und ihr die Herrschaft im
Menschen aufzukündigen, kennen sie nicht. Es ist aber mehr
an ihr, als das Gerücht, das Jene gehört haben. Und im Grunde
weiss nur Gott den Weg zu ihr und kennt nur Er ihre Stätte.
Eben deshalb sandte er auch seinen lieben Sohn, und hat die
Sünde durch ihn hingerichtet ($\varkappa\alpha\tau\acute{\varepsilon}\varkappa\rho\iota\nu\varepsilon$) in dem Fleische
(Röm. 8, 3).

Ja, es ist mehr an ihr, als das Gerücht, das wir aus unseren
Lehrbüchern je und je gehört haben. Wir haben es nämlich
nicht mit Sünden im Einzelnen zu thun, mit Sünden, die gleich
Rost oder Flecken, oder wie ein „Presten" unserem Innern an-
kleben, sondern wir haben zu thun mit einem Gesetz der Sünde
und des Todes, einem $\nu\acute{\iota}\mu o\varsigma$ $\tau\tilde{\eta}\varsigma$ $\dot{\alpha}\mu\alpha\rho\tau\acute{\iota}\alpha\varsigma$ $\varkappa\alpha\grave{\iota}$ $\tauo\tilde{\upsilon}$ $\vartheta\alpha\nu\acute{\alpha}\tauo\upsilon$
(Röm. 8, 2). Und dies ist weit ernster!

Dass der Mensch Begierden hat, dass ihn Leidenschaften
($\pi\acute{\alpha}\vartheta\eta$) treiben, wie Zorn, Furcht, Muth, Eifersucht, Freude,
Liebe, Hass, Sehnsucht, Mitleid, dies Alles constituirt noch keine
Sünde, denn das Vermögen, um Zorn, Unlust oder Mitleid
und dergl. m. zu empfinden, ist von Gott geschaffen. Ohne dem
wäre kein Leben und keine Bewegung im Menschen. Also
die Begierde und überhaupt die Leidenschaften sind an sich nicht
Sünde. Sie werden es und sind es im actuellen Zustand des
Menschen, weil durch ein dazwischentretendes Gebot und durch
jene verkehrte Lebensrichtung, die Paulus einen $\nu\acute{o}\mu o\varsigma$ $\tau\tilde{\eta}\varsigma$
$\dot{\alpha}\mu\alpha\rho\tau\acute{\iota}\alpha\varsigma$ nennt, das menschliche Ich bewogen wird, zu den
Leidenschaften und Begierden Stellung zu nehmen, d. h. sich
richtig oder unrichtig zu ihnen zu verhalten. Unter solchem
Regime, unter diesem „Gesetz der Sünde und des Todes" wird
die Begierde — in Folge falscher Leitung — übermächtig und
sündig. „Die Sünde nahm Anlass durch das Gebot und weckte

in mir alle mögliche Begierde"; „ohne ein Gesetz ist Sünde
todt", heisst es Röm. 7, 8. Im Einklang damit heisst es
Jacobus 1, 14: „Ein Jeder wird versucht, wenn er von seiner
eigenen Begierde herausgezogen und gelockt wird." Von den
an sich berechtigten, weil von Gott erschaffenen Begierden
oder Trieben wird der Mensch in seinem wehrlosen oder durch
jenen νόμος schlecht verwahrten Zustande in Bewegung gesetzt.
Es macht sich der Mensch, durch die Begierde in Bewegung
gesetzt, auf, jedoch ohne in der rechten Wehr zu stehen, also
wehrlos. „Darauf, nachdem die Begierde empfangen hat, gebiert
sie Sünde," heisst es weiter bei Jac. 1, 14. Die Begierde
empfängt, indem sie haltlos in Bewegung geräth, bösen Samen
und gebiert Sünde. Die an sich noch neutrale Begierde
wird, als des νόμος Θεοῦ oder des Gesetzes des Geistes
des Lebens ermangelnd, disponirt zur Aufnahme eines bösen
Samens, und gebiert Sünde. „Die Sünde aber, wenn sie zur
That geworden, setzt Tod aus sich heraus," also endet Jacobus.
Dies also, dass Begierden, dass Leidenschaften unser Inneres
bewegen, ist an sich noch nicht das Sündige im Menschen;
das Eigentliche der Sünde ist die Wehrlosigkeit, oder vielmehr
dass ein Gesetz in uns waltet, welches Paulus nach seinen
Folgen ein Gesetz der Sünde und des Todes nennt, ein Gesetz,
das man auch den kategorischen Imperativ oder dann ein Gesetz
des „Thue das, so wirst du leben", ein Gesetz der Sitten (Ethik)
oder des Gewissens nennen könnte. Dieses falsche Regiment,
unter dem wir seit Adam's Fall Alle stehen, wenn nicht ein
höheres Gesetz dagegen auftritt, jenes frühere parirend und
den Menschen unter Beschlag nehmend (Jer. 31, 33; Ezech.
36, 26. 27) — dieses Gesetz der Sünde und des Todes ist der
Brunnen aller Sünden. Wenn das menschliche „Ich" unter diesem
falschen Regime steht, so ist es zu allen Dingen fähig, zu
guten und bösen; aber unfähig zu dem Einen, das Gesetz
Gottes dauernd zum Gesetz seines Innenlebens zu erheben.
Es widersteht dem Gesetz Gottes und macht es unkräftig
(Röm. 8, 3). Und darüber ergeht sich nun der Apostel in

Röm. Cap. 7, 23 in tiefen Klagen: dass ein anderes Gesetz, das
von aussen her den Feldzug gegen den „Nomos”, welchen sein
νοῦς festhält, den νόμος Θεοῦ eröffnet, „ihn” (μέ) dem „Nomos”
der Sünde in seinen Gliedern (d. h. den in der Seele vorgehenden Bewegungen[1]) in die Gefangenschaft liefert. Und des
Apostels Summa und Lebensfacit ist (Cap. 7, 25): „Derhalben
auch ich — mit dem νοῦς (mente et fidei intelligentiâ) diene ich
einem Gesetze Gottes (oder Gottes-Gesetz); mit dem Fleische
aber einem Gesetze der Sünde (oder: Sünde-Gesetz).”

Wir sagen also: Ein solcher νόμος ἁμαρτίας oder νόμος
τῆς ἁμαρτίας καὶ τοῦ θανάτου wird nur durch einen anderen
νόμος aufgehoben, und dieser heisst νόμος Θεοῦ oder νόμος τοῦ
πνεύματος τῆς ζωῆς ἐν Χριστῷ Ἰησοῦ (Röm. 8, 2). Dadurch
allein verliert die Sünde ihr Recht, im Menschen zu sein und
zu herrschen, wenn ihr eine andere Macht entgegentritt und
ihren Siegeslauf hemmt, ja ihrem Einfluss alle Kraft und Bedeutung nimmt. Wenn ein anderer Einfluss dem ihrigen zuvor-
kommt und Besitz ergreift von dem Menschen; wenn ein
Stärkerer über den Starken kommt und ihn bindet, dann —
und dann allein hat der Sünde Reich ein Ende. So sieht es
Paulus auch (Röm. 5, 21) an, wenn er sagt: „Auf dass wie
die Sünde geherrscht im Tode (wo der Tod als das Medium
und Organ der Herrschaft gedacht wird), also auch die Gnade
zur Herrschaft gelangt sei durch Gerechtigkeit (mediante justitia
Christi) in's ewige Leben hinein, durch Jesum Christum,
unseren Herrn.” Da herrschte also einerseits die Sünde und
bethätigte solche Herrschaft im Tode, sofern derselbe alle
Lebendigen unter Beschlag nahm und ihre Gott gewollten
Lebensäusserungen inhibirte. Andererseits hat — nach Gottes
Rath — dagegen die Gnade geherrscht, und zwar sie durch
Gerechtigkeit (worunter das gesammte Thun Christi, totus

---

[1]) Die μέλη sind bei Paulus seelisch zu verstehen und so viel als τὰ ἐν
τῇ ψυχῇ γινόμενα (Aristoteles); sie sind nicht buddhistisch-pythagoreisch-
mönchisch zu fassen, als im Körper steckend.

obedientiae suae cursus befasst wird) in ewiges Leben aus-
laufend. Und zwar vermochte die Gnade solches, ja sie vermochte um so viel mehr zu herrschen (ὑπερεπερίσσευσε Vers 20),
als jene Sünde herrschte, sofern Jesus Christus, unser Herr,
dahinter stand und ihr die Befugniss dazu erwirkt hat.

Und auf welche Weise hat nun Jesus Christus jenen νόμος
Θεοῦ oder das Gesetz des Geistes des Lebens dem anderen
Gesetze, dem Gesetze der Sünde und des Todes an die Seite,
ja vielmehr an seine Stelle bei und in uns gesetzt? Er war
gehorsam, sagt Paulus (Phil. 2, 8), gehorsam bis zum Tode
am Kreuze. Was für Versuchungen auch immer Satan oder
die Feinde an ihn heranbringen mochten, indem sie auf seine
wahre menschliche Natur dabei speculirten — er durchschaute
sie. Er durchschaute es, dass die Befriedigung solcher Lockungen
ihn in das Netz des Bösen verstricken würde. Er durchschaute,
dass, was an sich berechtigt, z. B. die Stillung des Hungers
(Matth. 4, 3) oder der Trieb der Selbsterhaltung (Matth. 16, 22. 23)
doch in dem vorliegenden Falle mit seinen Berufspflichten im
Widerspruch stehen würde. Und so steuerte er das der
Führung bedürftige Fahrzeug der ihm zu eigen gewordenen
menschlichen Natur in den sicheren Hafen — ohne Sünde. Er
weihte (widmete) sich für die Seinigen dem Vater (Joh. 17, 19),
immer Seinen (des Vaters) Willen vor Augen habend, und
damit verlieh er auch den Seinen die gleiche Richtung, auf
dass auch sie geweiht seien in Wahrheit, nicht zum Schein.
Er that ihnen kund den Namen des Vaters und thut es ferner
noch, auf dass die Liebe, die der Vater zu ihm hatte (und zu
einem solchen Sohne wohl haben muss), sei in ihnen (ihr Theil)
und ebendamit Er (mit seinem Verdienst) in ihnen. Alle jene
Aussagen Jesu bei Johannes, wonach er nicht von sich selbst
gekommen (5, 43; 7, 28; 8, 28. 42), oder wonach er nur das
ausführen kann, was ihm der Vater anweist (5, 19 f.); wonach
er redet, was ihm der Vater aufgetragen (Joh. 12, 49); oder
wonach er nichts von sich selber thut, sondern, wie ihn der
Vater gelehrt, redet (Joh. 8, 28; vergl. 5, 30), kurz, dass der

Sohn in Allem nur den Willen und die Gebote des Vaters zu erfüllen kam (4, 34; 5, 30; 8, 29; 15, 10; 17, 4), weshalb er denn auch oft und vielfach verharrte im Gebet (Hebr. 5, 7); — alle solche Aussagen gehören in dieses Bereich des gehorsamen Thuns des väterlichen Willens, des Thuns als des Mediator, des zweiten Adam, der den ersten ersetzt. Solche Stellen präjudiciren nicht seiner ewigen Wesenseinheit und Gleichheit mit dem Vater, aber freilich bohren sie alle menschlichen Willensbestrebungen unsererseits, um Gott zu gefallen, gänzlich in den Grund. Darin besteht nun der $\nu\acute{o}\mu o\varsigma$ $\tau o\tilde{v}$ $\pi\nu\epsilon\acute{v}\mu\alpha\tau o\varsigma$ $\tau\tilde{\eta}\varsigma$ $\zeta\omega\tilde{\eta}\varsigma$ $\acute{\epsilon}\nu$ $X\rho\iota\sigma\tau\tilde{\omega}$ $'I\eta\sigma o\tilde{v}$, dass der Mensch nicht den eigenen Willen, nichts aus und von sich selbst, oder durch das Gesetz getrieben, thue, sondern je nachdem ihn der Geist treibt und nur solche Dinge, welche das Gesetz fordert und die Leben zur Folge und zum bleibenden Charakter haben. Jesus Christus stellte sich nicht in den Dienst der Sünde, sondern untergab sich einer anderen Lebensmacht, der Gerechtigkeit nämlich, oder Gott (Röm. 6, 13. 19). Der Sünde gegenüber war er todt, wie auch wir es sein sollen in seiner Nachfolge und in Kraft seines Verdienstes (Röm. 6, 11). Er stand seitab von den Sündern (Hebr. 7, 26), machte also nicht gemeinsame Sache mit ihnen. Und so kam es denn, dass die Sünde nicht über ihn herrschen konnte und dass er, der gehorsame Knecht Gottes, nur Früchte der Heiligkeit trug und sein letztes Wort am Kreuze sein konnte: „Es ist vollbracht!" So kam es auch, dass sein erstes Wort, das uns die Heilige Schrift von ihm in den Tagen seines Fleisches berichtet, sein konnte: „Muss ich nicht sein in dem, was meines Vaters ist?" (Luc. 2, 49). Von einer „sündlosen Vollkommenheit" oder „wesentlichen Unsündlichkeit" Jesu mit den neueren, sozusagen gläubigen Theologen zu reden, ist demnach vom Uebel. Es ist ein Lob, das für den Herrn kein Lob wäre, so wenig es ja auch dem ersten Adam zum Lobe gereicht hätte, wenn er einst im Paradiese seine Schuldigkeit gethan, und endlich so wenig es auch für uns ein Lob ist (Luc. 17, 10). Soll nicht ein Sohn seinen Vater ehren? Und dies eben that unser Herr. Es that unser Herr den ganzen Willen seines Vaters; er that ihn mit aller Treue und aus ganzem Herzen. Er that ihn, ohne dass er sich darauf etwas zu gut gethan hätte. Er erfüllte ihn gerade da, wo es die Pforten der Hölle im Geist zu überschreiten galt, wo er im Garten Gethsemane fleht, wo er am Kreuz hing, wo er also unter die Engel erniedrigt war (Hebr. 2, 9) und als der Letzte aller Sterblichen, nicht als der Erste erschien — und er that dies Alles, weil es also des Vaters Wohlgefallen war, ihn durch Leiden zum Ziel zu führen (Hebr. 2, 10) und er dieses hohe Wohlgefallen erkannte und zu dem seinigen machen wollte. Dabei war an Sünde seinerseits nicht zu denken — wessen Thun so in Gott und dessen Willen gebunden ist, wie dasjenige Jesu; wer einem so völlig anderen Nomos (Norm) wie alle anderen Menschen folgt, wie es Jesus thut, der kann nicht sündigen.

Und zwar that Jesus Christus solches Alles nicht einseitig kraft seiner göttlichen Natur, oder dann einseitig kraft seiner menschlichen Natur. Mit Bischof Leo sagen wir: Nec sine homine divina, nec sine Deo aguntur humana[1]). Das Leben Jesu Christi, das da abzweckt auf die Erlösung der Welt und auf die Offenbarung der Liebe Gottes an eine abgefallene Welt (Joh. 3, 16), sowie auch seiner Gerechtigkeit (Röm. 3, 25), ist nie ohne das Zusammenwirken der beiden Naturen, der göttlichen wie der menschlichen, zu denken. Der Erlöser hat alle göttlichen Eigenschaften an sich, aber wie Bernhard treffend bemerkt, er übt sie im Werke der Erlösung mit Anstrengung, was von dem Werke der Schöpfung nicht zu sagen ist[2]). In der That: was kann hier auch die maiestas ausrichten,

---

[1]) Persona agit et operatur in, cum, secundum atque per utramque naturam sagt die Concordienformel 773; vergl. Chemnitz Loci, pag. 336, und ähnlich die Conf. Gallicana 15; 2. Helv. Conf. 11.

[2]) Bernhard, sermo XX, 2: Multum laboravit in eo salvator, nec in omni mundi fabrica tantum fatigationis auctor assumsit. At vero hic et in dictis suis sustinuit contradictores et in factis observatores et in tormentis illusores et in morte exprobratores. Ecce quomodo dilexit.

wo nur die humilitas das Feld behauptet? Die Beweise für das Wirken der göttlichen Natur, sie liegen in der Krippe; sie begegnen uns dort, wo der Erlöser leidet und bezahlen muss, was er nicht geraubt hat (Ps. 69, 5); wo er sich durch Geisseln den Rücken aufreissen, beleidigen und an's Kreuz nageln lässt; wo er ruft: „Mich dürstet!" wo er stirbt und drei Tage im Schoss der Erde liegt! Wir sagen, in diesen Werken hat der Erlöser stärker seine Gottheit bewiesen, als es durch lange Beweisreden über dieselbe je hätte geschehen können. Er thut hier in der That nur dasjenige, was er als Schöpfer und Erhalter der Welt je und je gethan, wie solches der berühmte Bernhard in sehr zutreffender Weise hervorhebt[1]).

---

[1]) In Bernhard's Canticum canticorum, sermo VI, 3, begegnen wir folgender Betrachtung, auf die Ritschl, Die christliche Lehre von der Rechtfertigung und Versöhnung III, zweite Auflage, S. 385, nach Gebühr aufmerksam gemacht hat: „Dum in carne et per carnem facit opera non carnis sed Dei, naturae utique imperans superansque fortunam, stultam faciens sapientiam hominum daemonumque debellans tyrannidem, manifeste ipsum se esse indicat, per quem eadam et ante fiebant, quando fiebant. In carne, inquam, et per carnem potenter et patenter operatus mira, locutus salubria, passus indigna, evidenter ostendit, quia ipse sit, qui potenter sed invisibiliter secula condidisset, sapienter regeret, benigne protegeret. Denique dum evangelizat ingratis, signa praebet infidelibus, pro suis crucifixoribus orat, nonne liquido ipsum se esse declarat, qui cum patre suo quotidie oriri facit solem super bonos et malos, pluit super iustos et iniustos?" Zu dieser Stelle bemerkt Ritschl (Studien und Kritiken 1879, S. 324) unter Anderem Folgendes. Passus indigna: „Die Erduldung von Gegenwirkungen, die seiner unwürdig sind kann Christo unter dem Gesichtspunkt beigelegt werden, dass dieselbe das Mittel ist, durch welches er die Weltordnung auf das Heil der Menschen hinweist und gütig leitet. Die Allmacht steht, nach Bernhard, nicht dem Leiden oder der Geduld Christi entgegen." — Es ist dies eine wahre und fruchtbare Durchführung der communicatio idiomatum, fügen wir hinzu. Wir bemerken ferner, dass auch die Fleischwerdung des Logos unter dem Gesichtspunkte des Erduldens von etwas seiner Unwürdigem aufgefasst werden darf, eine Erduldung, der sich der Logos aus grosser Liebe zu dem gefallenen Menschen unterzogen hat und wobei er der Allmacht nicht, wie die Vertreter der Kenosis wollen, entrathen konnte, sondern ihrer erst recht bedurfte. Und wir sind gewiss nicht genugsam in dem göttlichen Wesen zu Hause, um in Abrede zu

Und hinwiederum wo wir Wirkungen der Allmacht, Allgegenwart, Allwissenheit und Allweisheit im Leben Jesu gewahren, da sind dieselben — so weit die Evangelien es uns offenbaren — derartig, dass die menschliche Natur gleichen Schritt damit halten kann. Nicht um seine Allgegenwart an sich zu rühmen, sagt er dem Nicodemus, Joh. 3, 13: „Niemand fährt gen Himmel, denn der vom Himmel herniedergekommen ist, nämlich des Menschen Sohn, der im Himmel ist.'' Er bezieht sich auf dieses Sein im Himmel, sofern es von ihm dem Erlöser, dem Logos, der ganz in unser menschliches Sein aufgegangen, zu gelten hat. Ueberhaupt gilt hier der Kanon: Nicht extra carnem, sondern in carne et per carnem facit opera non carnis, sed Dei (Bernhard, Canticum cantic. sermo VI, 3). Oder wenn der Erlöser Joh. 10, 30 sagt: „Ich und der Vater sind Eins,'' so will er damit nicht seine überweltliche trinitarische Einheit rühmen (die ohnedies fest steht), sondern die Einheit und Gleichheit des Willens, Seelen zu retten, wovon allein in diesem Verband die Rede ist. Wenn der Erlöser (in carne et per carnem) Wunderthaten verrichtet, so sind das nicht vorübergehende Blitze, die von der göttlichen Natur zeugen sollen, sondern sie sind nach dem Massstabe der menschlichen Natur erbeten und nach Kampf und Streit wider die Mächte der Finsterniss und des Sichtbaren aus des Vaters Hand entgegengenommen. In diesem Sinne sagt der Erlöser (Joh. 11, 42): „Vater, ich danke dir, dass du mich erhöret hast; doch ich weiss, dass du mich allezeit hörest.'' Von dem Tage des Gerichts weiss auch der Sohn nicht (Marc. 13, 32), sondern allein der Vater.

---

stellen, dass dieses Zusammenwohnen des Starken mit dem Schwachen möglich gewesen sei. Insofern aber die Liebe den Logos zur Fleischwerdung bewog, so kann er selbst seinen Kreuzestod unter den Gesichtspunkt der Erhöhung und Verherrlichung stellen (Joh. 17, 1; vergl. Cap. 12, 23). Der Act der höchsten Demuth und Selbstverleugnung war zugleich der Act der Verherrlichung des Sohnes Gottes. Bernhard's Aussagen greifen also in die Tiefen des Geheimnisses der Gottseligkeit.

Alles demnach, was der Erlöser um des Zweckes der Erlösung willen gethan, ist nicht blos göttlich, sondern menschlich, und nicht blos menschlich, sondern göttlich. Und es ist also die communicatio idiomatum nach beiden Seiten durchzuführen, so dass an den Leiden die göttliche Natur des Logos, an den Allmachtswirkungen die menschliche Natur — immer aber durch Vermittlung der beiden gemeinsamen Logosperson — Theil genommen hat.

Der Erlöser that also, was er that, nicht aus eigener Kraft, mit einem göttlichen Strahlenkranz über Alles hinwegschreitend. Er that es auch nicht mit etwelcher stoischer oder sonstiger Apathie der sogenannten „Heiligen” und im Hochfluge der Märtyrer — nein, als ein Wurm, als ein Spott der Leute (Psalm 22, 7; Jes. 53, 3), als der Christos, d. h. der mit dem Heiligen Geist Gesalbte — und als der Fleischgewordene, Fleisch vom Fleisch geborene, wiewohl er der Sohn war und der von Gott Geliebte von Ewigkeit, und als solcher hat er eine ewig geltende Erlösung dargestellt, ein ewiges Lösegeld (nach dem er gesucht) gefunden (Hebr. 9, 12). Der Vater hatte aber ein Wohlgefallen an ihm, dem unter die Engel sich Erniedrigenden, dem Sohne des Menschen (des Enosch), dem um unseretwillen arm Gewordenen (Jes. 42, 1; Matth. 3, 17); der Vater unterstützte ihn; sein Auserwählter war er, d. h. auserwählt, um die Erlösung zu vollziehen; der Spross Jehova's, der einzige, mit dem der Bund konnte geschlossen werden und zwar so, dass für diesen Bund auf Bestand zu rechnen war. Ihm gab Gott den Geist nicht nach gewissem Mass (Joh. 3, 34), wie uns, sondern überfliessend, für alle Fälle, wo Jesus seiner bedarf (Apostelgesch. 10, 38). Denn nicht für einen Raub hielt Er es, Gott gleich sein, sondern achtete das Entgegengesetzte, nach Phil. 2, 5 ff., als seine Zierde: im Dienst der zu Erlösenden alles Eigene zu vergessen, höherem Willen sich zu beugen und im Tode das Haupt zu neigen, welches die Gewalt besass, mit einem Wink den Weltkreis zu zertrümmern.

Dringen wir endlich noch bis auf den innersten Nerv dieser Zweifel an der Sündlosigkeit Jesu durch, so ist Folgendes zu sagen.

Die Schwierigkeiten, in die sich seit Ullmann die meisten Neueren bei der Frage nach Jesu Sündlosigkeit verwickelt sahen, stammt aus ihrem falschen Ausgangspunkt in der Anthropologie. Mit Recht hat man gesagt: „Die Arianer waren Pelagianer vor Pelagius," indem man damit die falsche Grundlegung des Gebäudes im Lehrstück der Anthropologie andeutete. In gleicher Weise stehen auch unsere neueren Theologen. Ihre Lehre vom Urstande ist eine derartige, dass Jesus immer in irgend einer Weise als Ergänzer und Vollender jenes Urstandes im Ganzen des Systems dazustehen kommt. Als Vollender muss er auch die Sünde aus der menschlichen Natur ausgetilgt haben, die in dem ersten Adam gemäss seiner ganzen Stellung immerdar noch irgendwo als Anlage gegeben war. Wer 1. Cor. 15, 47 die Worte: „Der erste Mensch ist aus der Erde — irdisch; der zweite Mensch aus dem Himmel" zur Absteckung einer Art von psychologischer Geschichte missbraucht, der irrt gröblich. Der Ausdruck χοϊκός von Adam, sowie die Behauptung, dass er aus der Erde gewesen, geben keineswegs eine Beschaffenheit des Menschen kund, die seine hohe Würde irgend benachtheiligt hätte. Um die Auferstehung den Korinthern deutlich zu machen, weist Paulus auf zwei Leibestypen, welche beide successive von uns werden getragen werden (V. 49). Aber auch, wenn Adam nicht gesündigt haben würde, so hätte er doch das „Irdische" einmal ablegen müssen, um ewig bei Gott zu leben. Und so hatte auch Christus in den Tagen seines Fleisches das „Irdische" an sich genommen, und eine Unvollkommenheit liegt darin für ihn nicht.

Wir brauchen nicht lange zu suchen, um zu sehen, wie Dorner, im Widerspruch mit der biblischen und protestantischen Lehre vom Urstande des Menschen, diesen Urstand auf ein möglichst eng umschriebenes Mass herabdrückt. Er polemisirt dagegen, dass man am Anfang ein goldenes Zeitalter statuire, weil dadurch auch dasjenige in den schöpferischen Anfang des Menschen verlegt wäre, was erst sittlicher Erwerb sein kann u. s. w. (I, S. 682). Gottes Wille (nach II, 2, 612) geht auch nur dahin, „der Menschheit die Möglichkeit der Versöhnung zu geben, welche Möglichkeit durch die Menschwerdung Gottes in Christus der Menschheit eingepflanzt ist". Die potentia zum actus zu erheben, bleibt, wie nach der ersten Schöpfung, so auch bei der Erlösung des Menschen freie That. Und I, S. 520 steht das naive Geständniss: es sei dogmatisch nicht von Belang, wie hoch die Vorzüge der ersten Menschen gedacht werden, wenn man nur 1. Gott nicht zum Urheber des Bösen mache, oder 2. dem Menschen die ethische Entwicklung nicht abschneide.

Die Erzählung Gen. III ist ihm auch nur symbolische Einkleidung (II, 1, 118), womit der Boden für die Christologie gänzlich hinfällig wird — denn nun kann sich Jeder es nach seiner Façon hier bequem machen. Dass nun natürlich bei solchen bescheidenen Anfängen der Menschheit diese letztere in dem absoluten Gottmenschen ihr Ziel und ihren Gipfelpunkt haben muss, das ist selbstverständlich. Und dass sodann dieser Gottmensch, der zweite Adam, in reichem Masse das erfüllt, was dem Urmenschen, dem ersten Adam, noch nicht gegeben war, ist auch eine blosse Consequenz der schief gefassten Lehre vom status originis. Nicht verwundern können wir uns über Behauptungen, wie I, S. 647: „Der absolute Gottmensch hat Raum in der Idee der Menschheit, ja er gehört zu ihrer Vollkommenheit" — — oder: „Die Menschheit, obwohl nicht von Anfang vollendet geschaffen, ist doch geschaffen, um vollendet zu werden, nicht aber ein Torso zu bleiben." „Der Vollendungswille ist logisch ursprünglicher zu setzen, als der erst durch den Fall bedingte Erlösungswille" — ein Gegenstück zu der Privatmeinung der Supralapsarier in der reformirten Kirche; aber ebenso irreführend wie die letztere. Das Böse wird ein dazwischen eingelegtes Blatt in der Weltentwicklung. Aber die Christologie hat sofort ihr pivot, ihre

Achse eingebüsst, wenn die Anthropologie in solcher Weise
zerbröckelt wird. Und dies ist nun wirklich in der gesammten
neueren Theologie der Fall. Sie steht in der Lehre von
Christo zwischen der Scylla der biblisch-reformatorischen Lehre
und der Charybdis des Pelagianismus.

Die Reformatoren sagten einfach: „Die Idee der Gotteben-
bildlichkeit war schon durch den Act der Schöpfung verwirk-
licht”[1]), während der Pelagianismus sagt: „Der Mensch habe
Alles rein aus und durch sich selbst zu werden, Gutes wie
Böses stamme aus der freien That des Einzelnen” (s. Dorner,
Glaubenslehre II, 1, S. 43 f.).

Unsere Neueren, auch Dorner, bringen es fertig, einen
dritten Habitus für das erste Elternpaar zu ersinnen und kommen
dabei nothwendig, mit der römisch-tridentinischen Lehre, auf
eine sittlich-religiöse Uranlage und auf ein donum superad-
ditum, zufolge dessen diese Uranlage (speciell die reale Lebens-
beziehung zu Gott) sich auch in einer ihrem Wesen ent-
sprechenden Weise bethätigte, nur dass solches erst noch durch
guten Freiheitsgebrauch auch bestätigt werden musste (Dorner I,
S. 521).

Mit der ursprünglich von Gott gewollten Menschwerdung
Gottes vollendet sich nach Dorner erst der Begriff der Menschheit. Adam fehlte dazu noch viel. Er war nicht dazu angethan,
durch immanente Entwicklung der Gottmensch zu werden.
Der Gottmensch als die Wahrheit der Gattung vollendet
erst ihr Gattungsbewusstsein (S. 649).

Dieser Gottmensch fasst nun alle Fäden, die zusammen
zu verflechten dem ersten Adam als Aufgabe gestellt war, in
seiner Hand zusammen und mit dem πνεῦμα ausgerüstet, wie
er war, und indem er an dem Princip des Logos seinen ihn
tragenden Rückhalt hatte — vollendete er den Begriff der
Menschheit. Dass dies Alles mehr als sonderbar klingt und

---

[1]) Apologie 52, 54; Heidelb. Katech. Fr. 6. 7; 2. Helv. Conf. 7. 9;
Conf. Belg. 14; Form. Concord. S. 640.

im Wesen der Sache auch ist, wird Nachdenkenden nicht verborgen bleiben[1]).

Unsere Reformatoren haben dagegen, indem sie Adam
seine Richtung auf Grund der Heiligen Schrift vorschrieben,
und ihm die ursprüngliche Gerechtigkeit nicht blos keimweise
(wie die Neueren), sondern in völlig ausgebildeter Gestalt beimassen, damit zugleich unserem Herrn und Heilande die Richtung vorgezeichnet. Wie Adam lediglich beharren sollte auf
dem Standpunkt, den er nach der Schöpfung Gottes besass,
so soll auch Christus beharren, und ob auch unter Verhältnissen, welche mit denjenigen Adam's auf's gewaltigste contrastirten, dastehend — er soll beharren und er wird es auch.
Das Gesetz der Sünde und des Todes, wonach der Mensch
sich selbst seinen Weg vorzeichnet, jenes Gesetz also, dem
das Fleisch bei allen Anderen nach Röm. 7, 23; Gal. 5, 17
widerstandslos unterworfen ist, kam hier nicht zur Geltung,
sondern erlitt in diesem Erlöserleben eine Niederlage nach der
anderen, und das Gesetz des Geistes des Lebens triumphirte stets. Statt über Gut und Böse zu grübeln, wie Adam
that, war ihm, dem zweiten Adam, gut, was Gott befohlen,
und böse, was Gott verboten. Er schmiegte sich in allen
Dingen und in jedem Moment seines Lebens an den Vater
an, wie das besonders das Johannesevangelium zeigt. Er blieb
in ihm, und der Vater blieb in dem Sohne (Joh. 17, 21 bis 23).
Der zweite Adam that also, was der erste Adam hätte thun
sollen. So ging dieser zweite Adam unbeirrt, wenn auch nicht
unangefochten,, seines Weges und zeigte, dass es doch wohl
das Natürlichste und Beste von der Welt ist, seinen Weg,
seinen Willen und Genuss des Lebens Gott zu überlassen und
in jedem Augenblicke, auf Schritt und Tritt, Rath aus dem
Himmel zu erwarten und Gottes Einsprache zu vernehmen,
die ja Demjenigen nicht neidisch vorenthalten wird, der sich

---

[1]) Ein wahres Monstrum von Exegese der Worte der Apologie Melanchthon's
(S. 53) liefert Dorner I, S. 516, um sich einen, wenn auch noch so fadenscheinigen Anhalt in den Symbolen zu sichern!

freistellt von dem Gesetz des „Thue das", von dem Gesetz der Sünde und des Todes, das in unseren Gliedern ist, und dem Gesetz des νοῦς in uns widerstreitet (Röm. 7, 23). Christus that also, was Adam hätte thun sollen, aber er that es so, dass ihm die Uebergänge von einer guten Entschliessung zur anderen sehr bestritten wurden, und er in jedem Augenblick sich seines Gottes versichern, und der ihm nach Jes. 11, 1. 2 geschenkten Fülle des Heiligen Geistes bedienen musste, um sicher vorwärts gehen zu können und die τελείωσις, das Ziel des Weges, zu erreichen — unsere Erlösung.

Und wie ja das Christenleben zusammengesetzt ist aus finsteren Thälern und lichten Anhöhen, und wie hier gekämpft wird und sodann gesiegt, so ist Christus dessen auch theilhaftig geworden. Aber das Gefühl auch der höchsten Schwachheit wandte ihn nicht ab vom Ziel, sondern liess ihn um so mehr an Gott sich halten (Hebr. 5, 7). Er wurde ἐξ ἀσθενείας gekreuzigt, der Boden sank ihm weg unter den Füssen; aber er lebt aus Kraft Gottes (2. Cor. 13, 4).

Nach dem Allem kann nun die Gewähr für die sanctitas Christi nicht in einer unbefleckten Empfängniss durch Maria, auch nicht in der physischen Einwirkung des Heiligen Geistes bei der Empfängniss, sondern nur darin bestehen, dass hier in diesem Fall der ewige Logos Fleisch wurde. Derselbe stand zunächst über allen jenen conditiones, die von jedem der Unsrigen mit der Empfängniss im Mutterleibe zu übernehmen sind. Wenn er sich nun seit seiner Fleischwerdung unter sie stellte, wenn er sponte omnes conditiones verae naturae humanae in se recepit (um mit Calvin zu reden), so war dies eine Liebesthat, die uns nicht zu solchen spitzigen Fragen veranlassen darf: ob der Erlöser nun auch hätte sündigen können oder nicht, ob die Sünde von diesen conditiones auszuschliessen sei oder nicht. Von der Zurechnung des peccatum Adamiticum ist Christus, den Gott für uns zur Sünde gemacht (2. Cor. 5, 21), zwar nicht auszunehmen. Aber diese Zurechnung bot dem Erlöser die von ihm gesuchte, ihm willkommene conditio

naturae humanae, um als der Heilige Gottes in Kraft des
Heiligen Geistes beständig über sie hinauszukommen und zu
jener ersten Gehorsamsthat (nach dem Satze: semet ipsum
exinanivit Phil. 2, 7) eine unabsehbare Reihe gleicher gehor-
samer Thaten in den Tagen seines Fleisches hinzuzufügen,
unter deren Nachwirkung wir ewig selig leben.

# ABSCHNITT V.

## Typen Christi.

Das Geheimniss der Incarnation können nur Diejenigen von fern ahnen, die Christen, d. h. mit dem Heiligen Geist Gesalbte nicht blos heissen, sondern sind. In der Alttestamentlichen Theologie redet man von Typen Christi. Typen Christi waren Solche, die durch besondere göttliche Berufung „Christo (wie Luther einmal sagt[1]) in dem Leiden zugesellt sind und in seiner Gesellschaft litten". Abel, Isaak, David, Salomo, Serubabel heissen in der christlichen Theologie Vorbilder Christi. Das πλήρωμα, die Fülle dessen, was zukünftig war, ruht in Christo; aber als Anfänge und Ansätze seines Kommens im Fleische begrüssen wir jene ganze Linie von Kindern Gottes, deren Namen uns jene Geschlechtsregister aufbewahrt haben, die Matthäus I. recapitulirt. Mehr als eine genealogische Vorbereitung auf das Kommen des Erlösers im Fleische bedeuten aber diese Register offenbar; es ist zugleich eine geistige Vorbereitung auf das Kommen des Erlösers hierin anzuerkennen. Das Besondere, was diese Typen vor Anderen voraus haben, ist dies, dass sie um eines besonderen Grundes willen litten, lebten und auf Erden errettet wurden, nämlich sofern ihr Leben, Leiden und ihre Errettung eine grundlegende Bedeutung hatte und die Sache des Heils der Menschen förderte. Der nothwendige Conflict, in den sie mit Allem, was

---

[1] S. das Citat bei Dorner, Entwicklungsgeschichte II, S. 515, Note.

Fleisch ist, d. h. allen ohne Heiligen Geist Dahinlebenden, geriethen, brachte das Leiden über sie; und die göttliche Errettung, die sie erfuhren, war einer Auferstehung aus Todten gleich. Es ergab sich nämlich, dass sie unschuldig verfolgt und gemordet worden, und somit forderten sie Gottes Gerechtigkeit heraus, sie zu rehabilitiren und in ihnen das Unvergängliche des Haltens ob Gottes Wort und des Glaubensgehorsams an das Licht zu bringen. Daneben freilich waren diese Typen Jesu Christi Sünder und litten um ihrer Sünden willen und von Rechtswegen; es durchdrang sich bei ihnen nicht so ihr Wille und der Wille Gottes, dass beide völlig Eins wurden. Es blieb immerdar Alles Bruchstück, so bei David, wie bei Salomo, um hier nur Zwei zu nennen. Aber gleichwohl diente Beider Thun und Leiden, um die Sache des Heils zu fördern unter den Menschen und von Gottes Gerechtigkeit, die trotz der Menschen Ungerechtigkeit solche Helden und Schilo's ihnen gegeben, zu zeugen. Wer sich zu diesen Typen Christi hielt, war Eins mit ihnen und zeugte von Gottes neuer Schöpfung mitten in der alten; er stand auf einem Grunde, den Gott seit dem Paradiese angebaut, und half durch seinen Gehorsam und sein Zeugniss, dass hier im Geiste weitergebaut werde, bis Alle zur Einigkeit des Glaubens und der Erkenntniss des Sohnes Gottes gelangen — — und heranwachsen an ihn in allen Stücken, der das Haupt ist, Christus (Eph. 4, 13 ff.).

Dies verhielt sich nun freilich anders, als der Erlöser kam zur von Gott bestimmten Zeit, und nun in ihm dasjenige völlig vorhanden war, worauf die Verheissung hinzielte und wovon sich in jenen Typen eine Vorausdarstellung uns darbietet.

Wenn schon Jene (die Typen) von ihrer Geburt an Schmerzenskinder, also besondere Kinder waren, so hat auf gleiche Weise Christus, der Antitypus, wiewohl unvergleichlich mehr, von seiner Geburt an Schmerzen, Demüthigung und Leiden ausgestanden. Wie einst Isaak den Glauben Abraham's, so stellt auch dieses Urbild Isaak's den Glauben seiner Mutter auf die härteste Probe. Als die Hoffnung auf einen Spross

von Abraham und Sarah bereits aufgegeben war, kam Isaak; so
kommt Christus aus dem abgehauenen Stumpfe Isai's (Jes. 11, 1),
aus der Jungfrau (Jes. 7, 14), dem Weibe, dessen Same Er
ist (Gen. 3, 15). Beide aber sind Kinder der Verheissung; in
Beider Geburt erfüllt sich ein Gotteswort; bei Isaak im Keime,
bei Jesus, dem Christ, in vollster Fülle. Gleichwie Isaak's
Geburt ein Wunder, das Allen zum Lachen Anlass gibt
(Gen. 17, 17 bis 19), so ist Christus ein Kind, in arme Win-
deln gewickelt, in einer Krippe liegend — kurz, ein Wunder-
kind! Isaak wird geboren, als der Erstling einer grossen Nachkommenschaft; Jesus, das Urbild, als der Erstgeborene unter
vielen Brüdern (Röm. 8, 29). Nach seiner Geburt wird Isaak
alsbald verfolgt, und zwar von Ismael, dem Sohne der Magd
(Gen. 21, 9 ff.); also wird Christus von Herodes verfolgt.
Herangewachsen muss auch Isaak unschuldig Schmerz und
Betrübniss ausstehen, der Vater soll ihn opfern (Gen. 22, 2);
willig lässt er sich binden, er, der Eingeborene, den Abram
lieb hatte. Auf gleiche Weise hat Christus, wiewohl unvergleichlich mehr, eben dergleichen Schmerzen und Leid ausgestanden und ist als Opfer gekreuzigt worden. Aber gleichwie Isaak dem Vater zurückgeschenkt worden (Hebr. 11, 19),
also — aber nicht gleichnissweise, sondern wirklich — ist
Christus von den Todten auferwecket und zur Rechten des
Vaters erhöht. Ganz in gleicher Weise ist David's Lebensweg
ein Vorbild Christi. Wie es mit dem Lebenswege jener Vorbilder Christi beschaffen gewesen, also war es mit Christo auch
beschaffen. Nur waltet der grosse Unterschied ob: dass, was
Christus im Gehorsam unter des Vaters Willen und Rath litt und
that, Alles rein um unseretwillen geschah, auf dass er durch
Gottes Gnade für das Gesammte den Tod geschmeckt (Hebr. 2, 9)
und ebenso für das Gesammte gelitten und stellvertretend
gehandelt habe. Solches kann man von Jenen nicht sagen.

Die völlige Unterwerfung des Anführers und Bahnbrechers
der Errettung unter den Willen Gottes, seines Vaters —
und zwar zum Zweck der Erfüllung aller Gerechtigkeit, der

Erfüllung des Willens Gottes, speciell der Vernichtung der Sünde und des Todes, als über uns herrschender Mächte — fand einmal wirklich statt. Was alle seine Vorbilder nur stückweise und als Glieder an ihm, dem Haupte, vollführten — das that Er, als $\dot{\epsilon}\nu$ $\pi\tilde{\alpha}\sigma\iota\nu$ $\pi\rho\omega\tau\epsilon\dot{\upsilon}\omega\nu$ (Col. 1, 18), als der in Allem (und so auch im Thun und Leiden) den Vorrang hat. Jesus braucht nicht, wie Isaak, um eigener Sünde willen beschnitten zu werden; wenn er doch die Beschneidung auf sich nimmt, so thut er es für Andere. Ebenso, wenn er getauft wird. Er braucht nicht vom Teufel versucht zu werden; wenn er dennoch der Versuchung in's Auge sieht, so that er es, um sie abzuweisen und den Teufel zu besiegen. Er war ja $\pi\lambda\acute{\eta}\rho\eta\varsigma$ $\pi\nu\epsilon\dot{\upsilon}\mu\alpha\tau\varsigma$ (Luc. 4, 1) und ward vom Geist in die Wüste geführt, um hier versucht zu werden. Er ward aber zugleich so vom Geist geleitet, dass er nicht wie ein indischer Büsser oder ein heiliger Antonius siegte, sondern durch das Festhalten an dem allein Halt gebenden Worte Gottes, und so dem $\nu\acute{\omega}\mu\varsigma$ $\Theta\epsilon\omega\tilde{\upsilon}$, dem $\nu\acute{\omega}\mu\varsigma$ $\tau\omega\tilde{\upsilon}$ $\pi\nu\epsilon\dot{\upsilon}\mu\alpha\tau\varsigma$ $\tau\tilde{\eta}\varsigma$ $\zeta\omega\tilde{\eta}\varsigma$ die Bahn brach. Gleichwie zuvor der Geist Gottes über der Maria waltete, damit sie ihn als ihren Erlöser und Sohn zugleich empfinge, so waltete er jetzt über ihrem Sohne, auf dass er in der tiefsten Tiefe der Selbsterniedrigung — wie seine Mutter — sich beuge unter Gottes Wort und immerdar spreche: „Siehe, ich bin des Herrn Knecht, mir geschehe, wie Du gesagt hast" (vergl. Luc. 1, 38). Dass dies eine hohe Aufgabe war und nicht etwa federleicht, sieht Jeder ein.

Jesus brauchte ferner sein Leben nicht zu lassen, wie Isaak und David; thut er es doch, so geschieht es (nach Joh. 10, 18) freiwillig, und Niemand nimmt das Leben von ihm. Und wenn Christus dagegen die Herrlichkeit zurückfordert (Joh. 17, 5), die er vor der Welterschaffung gehabt bei dem Vater, so hat er ein Recht, zu fordern; dass er es aber hier so ausdrücklich sich vom Vater fordert, dies geschieht für sein Volk. An und für sich braucht er ja nicht zu fordern, was er hat und nie aufgegeben hat — aber er reclamirt es laut vor

Himmel und Hölle, dass man erfahre, welche grosse Dinge er nunmehr für uns vom Vater sich erbittet. Verdient hat er es sich, um so zu bitten; Unsereiner würde es in Ewigkeit nicht verdient haben. Er hat ein Recht, solche Forderung zu stellen, ein weit höheres, als David, wenn derselbe (Ps. 18, 25) sagt: „Darum vergilt mir der Herr nach meiner Gerechtigkeit, nach der Reinheit meiner Hände vor seinen Augen." David hat solche Erwartung als ein Glied an Christo, dem Haupte; Christus fordert die Herrlichkeit (Joh. 17, 5) um der Seinigen willen.

Was mithin Christi Beruf ist, das ist schon vielfach und auf mannigfaltige Weise in den Vorbildern Christi angedeutet. Solches beginnt schon mit dem Protevangelium. Hier ist sofort das Weittragendste ausgesprochen, was gesagt werden konnte, und zwar zur Tröstung der Gefallenen im Leben und im Sterben. Feindschaft ist gesetzt und der Weibessame verheissen worden als Derjenige, der die Feindschaft zum Austrag bringen soll. Der Weibessame ist der Nächste, der nach Adam, dem Manne, genannt wird; als zweiter Adam, gleichsam als der nächst Adam Einzige, der in Betracht kommen kann und soll. So lange als das Kommen dieses Weibessamens noch erst in Aussicht stand, äusserte sich seine Gewalt und Obmacht über die „alte Schlange" in allen Jenen, die den Kampf, auf seiner Seite und in seinem Namen dastehend, auf sich genommen haben. Als der Weibessame nunmehr, da die Zeit erfüllt war, erschien, da fand er sofort den Schlangensamen und die Schlange als Gegner sich gegenüber und mit völliger Zurückstellung aller Menschen stand er selbst, der Erwartete, da, und trat die Kelter allein, wobei er aber der Hilfe sich zu getrösten hatte, die Gott reichlich Denen gibt, die seine Kinder sind und seinen Namen und seine Ehre hoch halten.

Dass man bei einem solchen Erlöserleben nicht erst sprechen darf von „Sündlosigkeit" oder wesentlicher Unsündlichkeit, das ist — wir wiederholen es — selbstverständlich. Schon David sagte: „Der Herr vergilt mir nach meiner Gerechtigkeit"

(Ps. 18, 25). Wie viel weniger konnte bei Christo in seinen heiligen Berufswegen die Rede sein von einem Antheil, den er habe an der ihm „inhärirenden” Erbsünde oder wirklichen Sünde, oder davon, ob von ihm gelte die Formel potuit non peccare, oder gar potuit peccare! Wessen Speise es ist, dass er thut den Willen seines Vaters (Joh. 4, 34), den hungert nicht nach Dingen, die Gott verboten. Er, der sich nennt das Licht der Welt, birgt in sich kein Atom von Finsterniss. Und er, der der Schönste ist unter den Menschenkindern (Ps. 45, 3), birgt in sich nur Gnade und Huld für den Sünder und in keinem Augenblick Betrug und böse Leidenschaft.

Aber etwas ganz Anderes ist es, wenn wir sagen, dass Christus unseren geistlichen Tod und Fluch, welche imputative ihm zu eigen gegeben wurden, übernahm, dass er beide erduldete von seiner Geburt an, um beide aus dem Mittel zu thun. So wenig wie jener Mensch tollkühn ist und also sündigt, der eine giftige Schlange aus Liebe zu dem Bruder, ohne Bedenken wegen der tödtlichen Folgen zu tragen, mit den Händen angreift und sie erwürgt, und zwar nicht ohne von ihr gebissen zu werden, ebenso wenig ist Christus ein Sünder, wenn er unseren leiblichen, geistlichen und ewigen Tod über sich nimmt und auf sich lasten fühlt. Dass Jener sich darunter sträubt, wenn er den giftigen Blick der Schlange noch vor dem Biss wiederholt zu schauen bekommt, dies ist keine Sünde. Jesu Spannung beim Gang nach Jerusalem, Jesu Zittern in Gethsemane und sein Angstruf auf Golgatha ist kein Symptom des sündlichen Verzagens, so wenig wie das endlose Klagen David's in seinen Psalmen, wenn er um der Gerechtigkeit willen verfolgt ward, so wenig wie David's Furcht vor dem Tode und der Hölle (Psalm 6, 6 u. ö.). Aber wohl ist Jesus Christus Sünde und ein Fluch geworden für uns, und indem Gott dies (nach 2. Cor. 5, 21; Gal. 3, 13) veranlasste, hat er freilich ihn in die Lage jenes Edlen versetzt, der, währenddem er mit der giftigen Schlange ringt, einen Schauder empfindet und von dem Gedanken erfüllt ist: „Wäre ich nur lieber schon mit der Sache fertig," oder: „Wenn es noch lange dauert, so bin ich verloren; Gott hilf mir!" (Hebr. 5, 7). Die göttliche Natur verstärkte gewiss solchen Schauder und half nicht mechanisch, ihm die Schwere dieser Aufgabe tragen. Um solche Dinge leisten zu können, bedarf es nicht lediglich die göttliche Natur in die dogmatische Wagschale zu werfen, sondern einer aus Liebe und Barmherzigkeit geborenen, freilich mehr denn menschlichen Entschlossenheit: „Ich thue es, weil es meines Vaters Wille ist und ich es mir vorgenommen, mich dieser Brüder nicht zu schämen, sondern sie glücklich über Alles hinwegzutragen, bis ich sie zu den Füssen des also versöhnten und nicht ferner in seiner Ehre gekränkten Vaters im Himmel niedergelegt haben werde." Selbst unserem Herrn waren die Folgen seiner opferwilligen Dahingabe in der Ewigkeit zwar wohlbewusst: die dem Sohne eigene göttliche Allwissenheit hielt ihm solche Folgen vor Augen — aber der Augenblick selbst, da er nun wirklich den Tod leiden musste, schloss tausendfachen Tod in sich, und solches wird nicht dadurch aufgehoben, dass dieser Tod ihm im Rathe des Vaters schon gezeigt wurde. Daraus stammt die Anspannung des Gehorsams, die selbst für den Sohn (nach Hebr. 5, 7) statuirt werden muss. Es überfiel ihn das Leiden; und er ward der Marter nicht etwa durch die Allwissenheit überhoben — er litt und starb tausend Tode. Denn wie? Stand nicht eben der Erlöser auf unserer Seite und an unserer Stelle? War nicht Gottes Fluch verborgen hinter der Forderung, dass Jesus den Kelch auf sich nehmen und trinken müsse, hinter der Forderung des Todes am Kreuze? Und wenn das Gesetz fordernd an ihn herantrat, so stand die Gerechtigkeit Gottes, die uns im Auge hatte, dahinter und heischte nun Dinge von ihm, die er als γενόμενος ὑπὸ νόμον (Gal. 4, 4), als dem Gesetze Unterworfener zwar auf sich nehmen wollte, die aber seiner innersten Natur so fremd waren, wie dem Könige niedriger Knechtsdienst fremd ist. Sonach verstehen wir nun, dass auch die „Erfüllung aller Gerechtigkeit" dem Erlöser Leiden brachte und seiner inneren Seele, die nach Gott hungerte, aber nicht nach der Erfüllung gewisser Gebote an sich, fremd gewesen sein wird. Es ist aber die allergrösste Liebe darin zu erkennen, dass der Herr nach Hebr. 10, 7 sich bereit erklärt: Er wolle kommen, um Gottes Willen zu thun.

Von diesem gehorsamen Thun unseres Herrn dürfen wir uns jedoch keine falschen Vorstellungen machen. Gehen wir daher dem noch ein wenig näher nach, wie unser Herr in den Tagen seines Fleisches Gottes Willen erfüllt hat, und zwar an der Hand des Johannesevangeliums. Hat unser Herr etwa die 613 Gebote, welche die Rabbiner herausgezählt haben im Gesetze Mose, vor sich genommen und erfüllt? Nein! Alles war vielmehr nach dem Gesetze des Geistes des Lebens — was er verrichtete, und nicht nach dem Buchstaben, welcher tödtet (Röm. 8, 2; 2. Cor. 3, 6). Oder war etwa das Thun des Gesetzes eine heilige Profession für ihn? Das Evangelium Johannis lehrt uns anders darüber denken. Ein solches Ansehen trägt ja auch keineswegs die Gesetzeserfüllung der Heiligen, von welchen die Schrift nach Hebr. 11, 2 sagt: dass sie von Gott ein gutes Zeugniss empfangen hätten. Christus, der Hohepriester, hat nicht viele Thaten gethan, die an den Leviticus buchstäblich erinnerten. Er sagt sogar: „Des Menschen Sohn ist ein Herr auch des Sabbaths" (Matth. 12, 8). Seine grössten Feinde waren die Mückenseiger und Kameelverschlucker unter den Frommen seines Volkes. Wenn Jene gesetzliche Bedenken äussern, ist er ungehalten und corrigirt sie; wenn dagegen der Jüngling fragt: „Was muss ich thun, dass ich selig werde?" da heisst es: „Halte die Gebote." „Zeiget Euch den Priestern" sagt er zu den Aussätzigen — und dem Manne, der zuvor seinen Vater begraben will, sagt er: „Lasset die Todten ihre Todten begraben!" Und wenn er den Juden beweisen will, dass ihrer Keiner das Gesetz thut, so führt er als Beweis an: „Was sucht Ihr mich zu tödten?" (Joh. 7, 19).

In sehr eigenartiger Weise legt er ihnen dar, dass sie das erste Gebot übertreten (Joh. 8, 55): „Und Ihr kanntet ihn nicht, ich aber kenne ihn — und wenn ich sagen würde: ich

kenne ihn nicht, so würde ich Euch gleich sein, nämlich ein
Lügner." Und V. 41: „Ihr thut die Werke Eures Vaters" (des
Teufels).

Merkwürdig ist, wie er ihnen die Uebertretung des Gebots:
„Du sollst nicht tödten!" als schimpflich vorhält (Joh. 8, 40):
„Nun aber suchet Ihr mich zu tödten, einen solchen Menschen,
der ich Euch die Wahrheit gesagt habe, die ich von Gott
gehört habe; das hat Abraham nicht gethan!" Er sagt nicht
lediglich, dem Buchstaben gemäss: „Du sollst nicht tödten!"
(vergl. Joh. 7, 19. 20).

Wenn er sich Joh. 7, 21. 22 rechtfertigen muss, dass er
am Sabbath einen Menschen geheilt, so appellirt er an Mose
oder den von den Vätern stammenden Brauch der Beschneidung, die auch am Sabbath vorgenommen werde. Wenn dies
geschehe, so könne er doch wohl einen ganzen Menschen
heilen. Dies ist nun für gesetzliche Ohren so unerträglich, dass
sie kaum etwas Aergeres hören konnten. Er, der unerkannt
und gering unter ihnen einherging, vergleicht sich mit Mose
und seine That mit der Beschneidung. Es ist dies dieselbe
Stellung zum Buchstaben des Gesetzes, die später Paulus (vergl.
auch den Hebräerbrief) einnahm. Der Gegner wegen hebt der
Heiland sich mit hohem Fluge weit hinweg über ihre buchstäbliche Einschränkung der Wunderthaten, mit denen Gott ihn
ausgerüstet.

Wenn die Jünger die dogmatische Frage aufwerfen: „Wer
hat gesündigt — Dieser oder seine Eltern?" — (Joh. 9, 1 f.), so
sagt Jesus: „Es hat weder Dieser noch seine Eltern gesündigt."

Oder wenn die Schriftgelehrten und die Pharisäer vor ihm
(Joh. 8) ein Weib, das auf frischer That ergriffen ward, des
Ehebruchs anklagen, so ist Jesus auch hier wieder ganz Original. Die Speculation seiner Gegner ging dahin: Jesus sollte
entweder mit Mose stimmen und ihnen Recht geben, also
in diesem Fall die Barmherzigkeit fahren lassen, oder dann
wider Moses erfunden werden und der Gesetzesübertretung
geziehen werden, wenn er sein Erbarmen walten liess. Jesus

thut nichts von dem, was von ihm erwartet wurde. Als König, als den sie ihn hier anerkennen, thut er ihnen nicht den Willen; er entgeht ihren Strickfragen und entlässt das Weib, nicht ohne beizufügen: „Sündige hinfort nicht mehr!" Dass Jesus Straflosigkeit für den Ehebruch damit gefördert, wie die Gegner dieser Perikope in der alten Kirche befürchteten, ist keinesfalls im Text begründet; wir glauben, dass die geistliche Obrigkeit nach dem Gesetze das Weib bestraft hat.

Alle Reden Jesu bei Johannes entwickeln sich aus der lebendigen Reibung zwischen Jesus und den Juden. Die Vorfrage, ob er der Messias sei, die in den Synoptikern noch wiederholt anhängig gemacht ward, liegt hinter uns. Er ist der Messias, der Logos. Dies entspricht ganz dem Standpunkt des alt gewordenen Johannes, der an alt werdende Gemeinden schrieb, denen es noth that, alte Wahrheiten in neuer Form vorzutragen! Die Irrlehrer, auf das Gesetz verbissen, wie einst die Pharisäer, fordern Johannes heraus. Er tritt mit dem Zeugniss von Jesu in die Schranken. Jedes Wort fiel sengend auf die Gegner, die wir auch aus den Johannesbriefen kennen (1. Joh. 3, 8 bis 10). Diese Kinder des Teufels, welche die Gemeinschaft mit Christo und den wahren Brüdern abbrechen, die es wie Kain machen — sie tödten den Bruder! Blicken wir zur Erläuterung auf die an die Geschichte von der Ehebrecherin sich anschliessende Verhandlung Jesu mit „den Juden". Jesus sagt 8, 12: „Ich bin das Licht der Welt. Wer mir nachfolgt, wird durchaus nicht in Finsterniss wandeln, sondern das Licht des Lebens haben." Ein Standpunkt Jesu ähnlich dem, welchen Johannes nachmals selbst einnahm, als er das Evangelium schrieb. Die Pharisäer antworten V. 13: Dass er von sich selbst zeuge — dies sein Selbstzeugniss sei nicht wahr. Aehnliches mag Johannes von den Irrlehrern zu hören bekommen haben. Jesus behauptet die Giltigkeit seines Zeugnisses — er wisse, von wannen er gekommen sei — sie wüssten es aber nicht. Und sollte er ja auch richten wollen (wie er Joh. 8, 1 bis 11 gethan), so sei sein Gericht recht,

denn der Vater, der ihn gesandt, sei bei ihm. Und als die
Pharisäer höhnisch fragen: Wo sein Vater sei? so gibt Jesus
ihnen zu erkennen, dass sie Keinen von Beiden, weder ihn noch
seinen Vater kennten! Er spricht ihnen jede Gemeinschaft mit
Gott ab, weil sie (gleich Kain) keine Gemeinschaft mit ihm haben
wollen. Er gehe hinweg, und sie würden sterben in ihrer Sünde
(V. 21); und als sie das auf Selbstmord deuten, sagt er ihnen:
sie seien von unten, er dagegen von oben! Wenn sie nicht
glauben würden, dass er es sei (der Verheissene), so würden sie sterben in ihren Sünden. Auf die weitere höhnende
Frage der Juden: „Du, wer bist Du?" entgegnet Jesus mit
Ruhe: „Allerdinge das, was ich Euch auch sage" (V. 25). Er
könne Vieles von ihnen reden und urtheilen, aber das über-
lasse er Dem, der ihn gesandt (V. 26). Aber wieder verkennen
sie, dass er sie an seinen Vater weist (V. 27). Jesus wiederholt es, dass er mit dem Vater Gemeinschaft habe, denn er
thue allezeit, was ihm gefällig ist. Als nun Viele ihm doch
mehr Glauben schenkten, als bisher, so ermahnt er dieselben,
bei Seinem Wort zu bleiben, um die Wahrheit zu erkennen
und frei zu werden. Er sagte dies in der Meinung, um sie
nun auch wirklich bei sich zu halten und von den Pharisäern
gründlich zu trennen. Sofort entbrennt aber ihr Zorn, und eine
neue Reibung beginnt, in welcher Jesus, durch ihren Widerspruch herausgefordert, dazu übergeht, ihr ganzes Rühmen,
dass sie frei und Abraham's Same seien, zu vernichten und
ihre Ungleichheit mit Abraham daraus zu erweisen, dass sie
ihn, der von Gott ausgegangen und ausgehe, zu tödten suchten
und keineswegs liebten (Joh. 8, 40. 42). Sie können ihn
gar nicht verstehen, denn sie sind vom Vater, dem Teufel
(8, 43. 44). Und wo er ihnen nun die Wahrheit sage, so glaubten
sie ihm nicht (V. 45). Oder ob sie ihn einer Sünde zeihen
könnten, eines Irrthums; wo nicht, warum sie ihm nicht glaubten?
Und V. 47 spitzt sich die Sache dahin zu: dass der aus Gott
Seiende Gottes Worte höre; sie aber dies nicht thäten, weil
sie nicht aus Gott seien. Als sie ihn darauf einen Samariter

schelten, so lehnt er ganz ruhig diesen Vorwurf ab und sagt „Ich ehre meinen Vater, aber Ihr verunehrt mich (indem Ihr jenes verkennet)." Das war eine gar andere Antwort als die 2. Kön. 1, 10 gegebene. Und doch thaten Jesus und Elia Beide den Willen des Vaters, der Eine so, der Andere anders, je nachdem der Geist Gottes sie trieb. Und als nun Jesus noch einen letzten Wurf, um sie zu treffen, thut, und an die Beobachtung seines Wortes ewiges Leben verknüpft (V. 51), da bringen sie Abraham gegen ihn in die Schranken, und als endlich Jesus sagt: „Ehe denn Abraham ward, bin ich" — nicht um sich über Abraham zu erheben, sondern um ihnen diese letzte Vertheidigungswaffe aus der Hand zu schlagen — da nehmen sie Steine, um ihn (wie Kain einst den Abel) zu tödten. Er aber verschwand vor ihren Augen. Es wiederholt sich also die alte Geschichte; was 1. Mose, Cap. 4 schon die Pointe der Geschichte war, ist es hier mutatis mutandis wieder. Das Zeugniss ist es, welches die Welt ärgert — und so muss der Zeuge aus dem Wege geschafft werden. Durch den Glauben brachte Abel ein besseres Opfer als Kain Gott dar! Gott bekannte sich zu ihm. Abel wird getödtet. Der Fleisch gewordene Logos bringt ebenso Gott das Opfer seines Leibes, bringt ihm sein ganzes Leben zum Opfer dar — er, selbst Hoherpriester und Opfer in einer Person — aber er erregt Anstoss bei allen Kain's dieser Welt. Diese Kain's sind auch fromm und gerecht, meinen des gleichen Vaters Kinder zu sein; sie wissen sich im Besitz des Landes und des Tempels, haben das Priesterthum und das Königthum und dünken sich Propheten zu sein. Nicht auf dem Boden der Theorie, sondern in der Wirklichkeit beginnt der Kampf und die Reibung. Jesus und das Volk — vertreten durch seine Oberen — ringen mit einander auf Leben und Tod. Der Eine hat den Willen Gottes zur Richtschnur — und die Anderen meinen es auch zu haben. Ungleich scheinen die Kräfte vertheilt. Auf der einen Seite Jesus — und was für ein Jesus! Der Jesus, der Erretter, welchen die Altvordern (Hebr. 11, 2) vom Paradiese an kannten.

Denn natürlich auch die Fleischwerdung des Logos ist nichts von der Art, was da unvermittelt und unerwartet in Nazareth vor 1883 Jahren geschehen wäre. Der Mensch Jesus Christus ist je und je im Wort vorangekündigt und im Zeugniss, welches die Seinen von ihm ablegten, in die Welt eingeführt. Die heilige Geschichte ist christologisch, nicht aber in pantheïstischer Weise, als ein göttlicher Process, der gewisse Momente aus sich heraussetzt; sondern in der Lebens- und Leidensgeschichte der Altvordern (πρεσβύτεροι) haben wir Typen Christi — in Christo selbst den Antitypus[1]). Und zwar zeichnet sich unter diesen Altvordern eine von Anfang der Welt an nachweisbare Linie aus, innerhalb welcher das Kommen des Erlösers auch dem Fleische nach (κατὰ σάρκα Röm. 1, 2; vergl. 9, 5) vorbereitet ward. Denn ohne lebendige Zeugen kein Evangelium von Christus!

So gab es denn immer Etliche, in welchen der Erlöser durch den Glauben an das von ihm redende Evangelium wohnte (Eph. 3, 17). Und unter diesen wurden besonders ausgezeichnet Solche, in denen er auch deshalb wohnte, nach dem Geiste, weil er aus ihnen nach dem Fleische hervorgehen wollte. Diese Geschlechtslinie gibt uns Matthäus Cap. 1 als diejenige Christi an. Lucas Cap. 3 ergänzt dieselbe. Und fragen wir nun: Wo ist die Fleischwerdung des Logos vorangekündigt? so ist die Antwort: Solches geschah in den Lebenswegen dieser seiner Väter. Der Letzteren Interesse an dem Erlöser war auch dadurch noch auf's Höchste gesteigert, weil sie wussten, dass aus ihrem Samen der Christus erweckt werden solle. Die Zukunft des Geschlechts war mit Christi Zukunft auf das Innigste verknüpft. Und wollte man nun über die Art dieser Zukunft, die παθήματα und die μετὰ ταῦτα δοξαί (1. Petr. 1, 11), Genaueres erforschen — so hatte man lediglich an den παθήματα

---

[1]) M. vergl. über dieses Verhältniss von Typus und Antitypus den Vergleich, welchen Petrus (1. Brief 3, 21) zwischen der Sündfluth und der Taufe anstellt.

und δόξαι der gegenwärtigen Väter Christi sich ein Muster zu nehmen. Dies geschieht denn auch in den messianischen Psalmen und prophetisch-messianischen Stellen. Wie es ihnen erging mitten unter einem verkehrten Geschlecht, also ergeht es nachmals Christus auch. Wie sie in der Welt sind, so Christus auch — und umgekehrt — denn freilich, Christus war wie ihr Sohn einerseits, so andererseits ihr Herr, Derjenige der in Allem den Vorrang hat (ἐν πᾶσιν πρωτεύων Col. 1, 18).

Es fand demnach eine ganze Reihe von Vereinigungen des Logos mit den Menschen statt, die aber eine völlige und höchste zum Ziel und auch schon zur Voraussetzung hatte. Jenes Einwohnen des Logos im Fleische muss einmal auch wirklich vollgiltig vollzogen sein. Dann erst tritt von Allem das Wahre ein, wovon bis dahin nur dürftige Vorspiele uns entgegentraten.

Es heisst doch wahrlich den einzelnen Menschen zu hoch stellen, wenn man sich einbildet, Satan oder der Schlangensame verfolge diese Einzelnen, und seien es dann auch Patriarchen, als Einzelne und als zeitweilige Feinde, an deren Stelle dann Andere treten. Wir sagen, es ist Einbildung, wenn man behauptet, Satan lasse sich so viel gelegen sein an den Aermsten, auf die er seit Adam's Fall ohnedies Anrecht hat. Andererseits aber möchten wir auch fragen, weshalb Gott gerade diese Einzelnen also mit Leiden vor Anderen überwirft, wenn nicht auch hier ein tieferer Grund vorhanden, weshalb er gerade sie seinen Zorn fühlen lässt und sie schlägt, so dass die Feinde Jener selbst Anlass zur Schadenfreude bekommen (z. B. Ps. 69, 27). Weshalb klagen die Sänger der Leidenspsalmen; wozu ist Jesaia 49 und 53 geschrieben — die Wunderstellen von dem unschuldig leidenden Knechte Jehova's? Weshalb leidet der Knecht Gottes? Diese Räthsel lösen sich, wenn wir sagen: Der Logos war in ihnen, er wohnte durch den Glauben an die Verheissung in ihren Herzen (Eph. 3, 17); in Noah predigte er und ward er verworfen (1. Petr. 3, 19). Der Logos in ihnen — also geschah es, dass die Gläubigen ein werthvolles

Object für Satans Hass wurden und vom Schlangensamen ange-
feindet waren, von Kindesbeinen an bis zum letzten Athem-
zuge. Aber auch Gott liess sein gerechtes Gericht an ihnen
aus; die Züchtigung, welche Anderen den Frieden brachte, lag
in gewissem Sinne schon auf ihnen. Ihnen, den im Vergleich
zu den Anderen Unschuldigen und Gerechten, den in ihrem
Beruf treu Erfundenen, wird es doch nicht erspart, zu leiden,
den Kelch voll des Bitteren, welchen Welt und Satan den
Zeugen Gottes einschenken, auszutrinken — kurz, aus jenen
Verhältnissen heraus, in die sie Gott mit dem Zeugniss von
der Gerechtigkeit mitten hineingestellt, die furchtbarsten De-
müthigungen und Leiden zu erfahren. Denn ach, auch sie, ja
sie zumeist und indem sie es am tiefsten fühlen, entrichten den
Zoll an das menschliche Dasein, welches Gott mit dem Fluch
belegt hat seit Gen. 2, 17, indem sie Alles zwiefach leiden
was die Brüder und Schwestern auch leiden. Ganz abgesehen
noch von der persönlich contrahirten Schuld, erwartet vom
Lebensanfang an das Kind ein Heer von Leiden, das sich als
Strafe darstellt. In einem Leben, welches auf den Tod hinaus-
läuft, da können sie nicht triumphiren, als hätten sie ein
besonderes Los für sich. Sie sind Menschen. Und wenn sie
nun auch Gottes Rath dienen und Gottes Gunstgenossen sind,
so erspart ihnen Gott doch nicht das Leiden und Elend, das
aus unserem menschlichen Exil im Allgemeinen fliesst, ganz
besonders aber noch dort empfunden wird, wo man Gottes
Zeugniss einer sich sträubenden Welt entgegenhält. Sie sind
und fühlen sich als Gäste und Fremdlinge auf einer Erde, die
für das Feuer aufgespart wird. Sie stehen mitten auf einer
Erde, wo schon kleine Kinder unter schrecklichen Qualen
sterben, und ihr Los ist — Menschenlos. Aber in diesem
Menschenlos halten sie an Gott fest, ziehen ihn hinein in
dieses Elend, geben ihm recht, wo er sie straft, aber hoffen über
Hoffnung hinaus gleichwohl auf sein Erbarmen. Wenn Alles wankt,
wankt doch Sein Zeugniss nicht! Der Christus in ihnen, umfasst
von ihrem Glauben, hat sie siegen lassen über Sünde, Tod und

Teufel, siegen lassen im Kampfe wider ihr eigenes Fleisch, ihren alten Menschen, den Leib der Sünde (Röm. 6, 6 bis 11).

Aber, wie gesagt, es muss dieses Einwohnen des Logos im Fleisch einmal auch wirklich vollgiltig vollzogen sein. Es wird einmal das Recht, sich mit Solchen, die Fleisch sind, einzulassen, auf grundlegende Weise von dem Logos erworben. Solches geschah, als der Logos Fleisch wurde. Bis dass dies geschah, waren es immer Zwei, die mit einander gingen, und was sie verband, war der Glaube des Einen, z. B. Abraham's oder David's, und die liebende Herablassung des Andern: Christi. Jetzt aber war die Vereinigung eine völlige; einmal zwar in der Zeit begonnen, soll sie für die Ewigkeit dauern! Welch ein Geheimniss, allein zu erforschen für die Gottseligkeit, wie es denn Paulus auch so nennt, vergl. 1. Tim. 3, 16: „Gott ist geoffenbart im Fleische."

Und während wir nun den Erlöser in solchem Zustand für einen Verächtlichen hielten, für einen von Gott Geplagten, Geschlagenen und Gepeinigten (Jes. 53, 3. 4), da hat es sich herausgestellt, dass er unsere Krankheiten getragen und auf sich geladen unsere Schmerzen; dass die Strafe, die uns Frieden brachte, auf ihm lag, und wegen unserer Uebertretung solche Strafe über ihn erging (Jes. 53, 4 bis 7). Sonach wurde ihm denn auch zu Theil, was der Apostel (1. Tim. 3, 16) in die Worte fasst: „Er wurde gerechtfertigt im Geiste." Man erkannte, dass dies Alles unschuldig gelitten sei und nur deswegen, weil er so nahe zu uns sich herangemacht, dass Gott selbst keinen Unterschied mehr machte zwischen ihm und uns.

Während bei jenen Heiligen Gottes, die auch gelitten in ihrem Beruf und sodann verherrlicht worden, die Frage noch immer sein konnte und musste: Leiden sie nicht auch um eigener Sünde willen? — so war dies hier bei dem im Fleisch geoffenbarten Gott ausser allen Zweifel gestellt. Er litt ganz für uns, er, der Gerechte für die Ungerechten (1. Petr. 3, 18). Aber weil er nun ganz der Unsrige geworden, so hat er alsdann auch ein Recht, das Seinige uns zu gut kommen zu lassen.

Hier ist demnach jener selige Tausch vollzogen: Dass Gottes Sohn der Unsere ward, und was unser ist, unsere Natur nach ihrem ganz von Gott entfremdeten Charakter, die seinige. Was das Unsrige ist, sehen wir in inniger Verbindung mit ihm, dem Logos, von der Empfängniss an bis zum Kreuze und darüber hinaus bis in die Ewigkeit der Ewigkeiten. Und andererseits, was sein ist, das wird hinwiederum unser. Sein Erwerb in diesem seinem Erlöserberuf wird unser Erwerb; sein Name, den er ererbt: „Sohn Gottes", wird unser Name, wir heissen „Söhne Gottes". Er ist der Erbe, wir die Miterben; er der Christus, wir die Christen; er das Haupt, wir der Leib; er heisst der Mann, die Gemeinde das Weib. Endlich, er ist der Erstgeborene unter vielen Brüdern (Röm. 8, 17. 29; Col. 1, 15 bis 20; Eph. 5, 25. 31. 32). Denn hat Gott in der Beziehung keinen Unterschied gemacht zwischen ihm und uns, dass er den Erlöser ganz als „des Menschen Sohn" ansah und behandelte, so wird er andererseits auch darin keinen Unterschied machen zwischen uns und ihm, dass er uns nicht Alles sollte schenken, was Christo als Lohn für die Arbeit seiner Seele gebührt (Röm. 8, 32).

Es wird also Ernst mit der Sache gemacht — hier in der Krippe Bethlehems, bei der Taufe Christi im Jordan, in Gethsemane und auf Golgatha. Hat der Erlöser von Anbeginn sich seines erwählten Volkes angenommen und sie getragen von Alters her, so wird er dies auch jetzt, da er uns gleich geworden, thun. Und es ist jetzt noch mit grösserer Zuversicht darauf zu rechnen, wie das besonders der Hebräerbrief den Gläubigen einschärft. Denn jetzt hat der Erlöser mit seinen Brüdern desselben Fleisches und Blutes theilhaftig werden wollen; jetzt hat er versucht werden wollen; jetzt hat er den Gehorsam gelernt und weiss aus Erfahrung, was es heisst, gehorsam zu sein bis zum Tode am Kreuze — nun ist das Heil völlig dargestellt durch Einen aus unserer Mitte, der sich unserer nicht schämt, wie er es wohl hätte thun können; der aber zugleich der Sohn von Ewigkeit her ist, der Logos, der im Anfang bei Gott war. Nun ist ein barmherziger Hoherpriester da und nicht Einer, den unser Leiden nur insoweit angeht, als er Amtes halber gehalten ist, 'uns mit dem Buchstaben zu trösten. Es ist ein ἀπόστολος da, der mehr ist, wie Mose, da er selbst Der ist, der Alles bereitet hat und dem gegenüber Mose nur ein Mundstück und Diener war (Hebr. 3, 5).

Gott war in Christo, d. h. er bediente sich seiner als des gehorsamen Knechts und versöhnte eine Welt mit sich durch den um unserer Sünden willen Dahingegebenen; oder, wie es auch heissen kann, er setzte sie zu sich in das richtige Verhältniss. Er rechnet ihnen ihre Sünden nicht mehr zu und hat in uns niedergelegt das Wort von solcher Versöhnung oder solcher Richtigstellung des Gesammten zu Ihm hin. Uns bleibt nun nichts übrig, als mit dem Apostel an Christi statt zu bitten: „Lasset Euch versöhnen mit Gott!" Und dass hierzu nicht blos die Möglichkeit vorhanden, sondern mehr als das — die Gewissheit, dies zeigt der Apostel in jenem Schlusssatz (V. 21): „Gott hat Den, der von Sünde nicht wusste, für uns zur Sünde gemacht, auf dass wir würden Gerechtigkeit Gottes in ihm." Paulus hat hier in einer kurzen Summe den ganzen Inhalt des Evangeliums zusammengefasst, und was alle Propheten und Apostel verkündet, sagt er in den deutlichsten Worten — und zwar nicht Idioten, sondern Leuten einer Stadt, die allen Anspruch erheben konnte, in der Weisheit und Redekunst die fortgeschrittenste zu heissen!

Wir haben etwas gestammelt über das Geheimniss der Gottseligkeit — und sollte es auch unseren heutigen Korinthern eine Thorheit sein —· Viele wird es dennoch geben, welche das Gewicht der hier in Frage kommenden Probleme beherzigen oder doch unseren guten Willen anerkennen werden, so wichtige Probleme, wie das von der Fleischwerdung des Wortes, auch unter uns wieder in's Rollen zu bringen. Nur so kann der Kirche geholfen werden; nicht damit, dass man der Propheten Gräber schmückt, wie heute abermals geschieht, sondern dadurch, dass man von ihrem noch immer in der Kirche lebendigen Hauche sich anregen lässt und nicht müde wird, alte Wahrheiten auch wieder einmal in neuer Form anzuhören und zu erwägen!

Fassen wir nunmehr die Hauptpunkte des von uns auf Grund der Schrift Dargelegten zusammen, so sind es folgende:

1. Der Logos ist Fleisch geworden, lediglich um uns zu erretten von unseren Sünden, und wir verwerfen alles Speculiren über eine Nothwendigkeit dieser Fleischwerdung, abgesehen von Adam's Fall — ohne diesen Fall wäre von solcher Incarnation keine Rede gewesen.

2. Der Logos nahm die Natur an, in welcher der Ungehorsam begangen war, um in derselben Versöhnung zu leisten und zu tragen die Strafe der Sünde[1]); jene menschliche Natur, auf welcher die Verdammung Gottes lastet, also nicht die schon vorher erlöste, oder im Moment der Empfängniss durch den Heiligen Geist etwa gereinigte, sondern die unter Erbschuld verhaftete. Irenäus gebraucht das Gleichniss: „Wie der Hirte das verlorene Schaf auf seine Schultern nimmt." In einem Briefe, den Bischof Damasus (auf den das berühmte Edict des Theodosius sich beruft) anno 377 dem Paulinus sandte, gibt er als Merkmal der Orthodoxie — im Gegensatz zum Apollinarismus — an: „Man muss bekennen, die Weisheit, das Wort, der Sohn Gottes habe selbst menschlichen Leib, Seele und Geist angenommen, d. h. den vollständigen Adam, und ausdrücklicher zu reden, unseren ganzen alten Menschen, ohne die Sünde." Alle in die Kirchengemeinschaft Aufzunehmenden mussten dies bekennen (vergl. Damasus, Bischof von Rom, von Rade 1882, S. 100). Gregor von Nazianz endlich sagt zu Röm. 8, 3 von der Sendung Christi, dass sie geschehen sei: ἵνα πρὸς ἑαυτὸν ἐνώσας τὸ κατακριθέν, ὅλον λύσῃ τοῦ κατακρίματος; d. h. damit er, indem er das Verdammte (das Fleisch) mit sich

---

[1]) Nach dem Wortlaute des Niederländischen Bekenntnisses 20. Ebenso stellt es Ursin, Explicatio Cat. Palatini p. 123 als eine Forderung der justitia Dei auf, ut ea natura, quae peccaverat, pro peccatis lueret. Ebenso a Lasco (Opp. I, S. 47).

vereint hatte, das ganze Verdammungsurtheil aufhebe (vergl. Cremer, Biblisch-theol. Wörterbuch, S. 378).

3. Der Logos hat diese menschliche Natur, die er sich so zu eigen gemacht, dass Gott keinen Unterschied mehr machte zwischen ihm und uns, nicht im Wege eines ethischen Processes geheiligt, indem er auf der scharfen Kante zwischen den Gegensätzen des posse peccare und des non posse peccare (also auf der Linie, die man wohl durch posse non peccare bezeichnet hat), sich hindurch bewegte, sondern er hat sie Gott dargestellt unsträflich von der Krippe an bis auf Golgatha. Kraft ewigen Geistes hat er das Gesetz der Sünde und des Todes, das auch bei ihm Zugang suchte und bei ihm die Sünde lebendig machen wollte, abgewiesen und dem Gesetz des Geistes des Lebens zum Durchbruch verholfen. Er fühlte zwar die Schwachheit des Fleisches, ohne ihr nachzugeben[1]); er erfuhr, was es koste, gehorsam zu sein (Hebr. 5, 7); aber durch diesen Gehorsam stellte er unsere Natur so hin und in solches Licht vor Gottes Angesicht, dass Gott fortan den Sünder um Christi willen gerecht spricht. Gott empfing Genugthuung, in Folge der Versöhnung, die durch Christus geschehen ist. Durch diese Darstellung bekommt der Pelagianismus einen Stoss in's Herz, und die Lehre von der Heiligung nach Christi Vorbild oder kraft des von Christo eingepflanzten neuen Princips wird durch die Rechtfertigungslehre definitiv verdrängt.

Wenn wir schliesslich noch bemerken, dass für das Verständniss dieses Geheimnisses von der Incarnation des Wortes die Schriften Pastor Dr. Kohlbrügge's sehr viel Licht verbreiten, tragen wir damit nur einen Zoll der Dankbarkeit gegen diesen Zeugen der Wahrheit ab.

---

[1]) Clemens im Paedagogus l. I, 8 ruft das Erbarmen des Logos an, als der die Schwachheit des Fleisches aus eigener Erfahrung erprobt habe (τὴν ἀσθένειαν τῆς σαρκὸς αὐτοπαθῶς ἐπείρασας).

# ABSCHNITT VI.

## Ergebnisse.

### I.

Zum Schluss dieser Abhandlung weisen wir auf zwei wichtige Ergebnisse, die aus dem Vorstehenden folgen, hin, wobei wir die genauere Verarbeitung unserer demnächst erscheinenden Dogmatik vorbehalten.

Aus der richtigen Fassung des Geheimnisses der Fleischwerdung des Wortes folgt für die Vereinigung der göttlichen und menschlichen Natur Christi etwas sehr Wichtiges.

Wir bemerken zuvor, dass wir von dem altkirchlichen Sinne der communicatio idiomatum dabei ausgehen, wie ihn auch Melanchthon, Calvin und Luther (besonders in der Schrift: „Von den letzten Worten David's") verstanden haben. Diese communicatio bezieht sich darauf, dass die Person alle Prädicate der Naturen, sei es der göttlichen, sei es der menschlichen, hat. Beide Naturen concurriren derartig bei den einzelnen Handlungen des Erlösers, dass einerseits weder die Eigenthümlichkeit der zwei Naturen aufgehoben, noch auch andererseits die Persönlichkeit verdoppelt wird. Innerhalb dieser Grenzen ist nun eine lebendige Vorstellung von der Vereinigung der zwei Naturen in Christo zu gewinnen. Und zwar ist jede Trennung der zwei Naturen in Christo auf Kosten der Einheit der Person zu vermeiden, obschon wir ebenso sehr uns vor einer Vermischung derselben zu hüten haben.

Setzen wir nun in diese Formel als das vom Logos Angenommene die menschliche Natur nach dem Falle, also jene, die unter der Zurechnung der Schuld Adam's stand, ein, so ergibt sich für das Geheimniss von der Vereinigung beider Naturen in Christo Folgendes.

Der Logos hat sich, als er jene Natur annahm, welche Adam nach dem Falle allein mitzutheilen hatte, in Bedingungen fügen müssen, die von vornherein jenes genus communicationis idiomatum abschneiden, an dessen Hervorhebung die lutherische Kirche sich zerarbeitet hat. Von einem genus majestaticum, wonach von einer Mittheilung göttlicher Eigenschaften an die menschliche Natur geredet wird, kann bei uns keine Rede sein. Wir bleiben stehen bei den zwei ersten Arten[1] wonach

1. die Eine Person das von beiden Naturen Gewirkte oder ihnen Eigenthümliche sich zueignet;

2. das der ganzen Person Zugehörige als nur von einer Natur oder deren Concretum (Menschensohn, Gottes Sohn) verrichtet, ausgesagt wird[2] (z. B. Christus hat gelitten, oder der Sohn Gottes hat gelitten, oder aber der Mensch Jesus Christus weiss alle Dinge (Joh. 21, 17), wird Gericht halten und erwecket die Todten).

Von einer natura humana, quae capax sit divinae ist demnach hier weiter keine Rede. Vielmehr hat der ewige Logos ein Wunder der Barmherzigkeit zu verrichten (s. Leo ep. X, Cap. 3) und nicht etwa bei seiner Fleischwerdung Resultate zu ziehen, welche ihm die modernen Dogmatiker zwar ganz bereitwillig vor die Füsse legen, ohne dass selbige aber in der Heiligen Schrift begründet wären.

---

[1] Genus idiomaticum: complectitur eas propositiones, quibus idiomata alterius naturae concreto personae tribuuntur.

[2] Genus apotelesmaticum: continet eas propositiones, quibus ἀποτελέσματα, i. e. actiones ad opus redemtorium ad totam inde personam pertinentes, de altera tantum natura vel ejus concreto praedicantur 1. Tim. 2 5, ss. Hebr. 1, 2 ss.

Wenn also, wie Leo sagt, in Christo Jesu die menschliche Natur nicht ohne die göttliche, und die göttliche nicht ohne die menschliche wirksam ist[1]), wenn also weder das Menschliche in Jesu dem Göttlichen, noch auch das Göttliche dem Menschlichen präjudicirt, so wird der Logos mit seiner göttlichen Natur dies Richtmass einhalten und sich demgemäss enthalten und Selbstverleugnung üben. Der ewige Logos hat der gebrochenen menschlichen Natur, die er zu der seinigen gemacht, gegenüber Rücksichten zu nehmen. In ganz anderer Weise als man etwa die Schöpfung eine Selbsterniedrigung Gottes nennen möchte, und in ganz anderer Weise, als die Einwohnung des Heiligen Geistes in der Gemeinde der Heiligen, die ja Sünder sind, eine Erniedrigung heissen möchte, da ja im Gegentheil die Verherrlichung Beider Zweck der Schöpfung wie der Heiligung der Erlösten ist — muss bei der Incarnation von Erniedrigung geredet werden. Die Incarnation des Logos ist wirklich eine Erniedrigung, weil seine Natur mit einer anderen in Eins zusammenging, die unter göttlicher Schuldhaft stand. Und demgemäss wird die höhere Natur sich der niederen fügen und nach Phil. 2, 6. 7 sich erniedrigen, um nicht zu blenden, sich entleeren, um nicht zu zerstören.

Dass also der Logos im Wunder und Geheimniss in die Welt kam, dass er sich hier im Leibe der Jungfrau mit dem wahren Samen David's (Röm. 1, 3; 9, 5) vereinigte, ist nicht das Höchste und Tiefste an der Sache. Das Höchste und Tiefste an der Sache, was mehr wie Jenes mit Bewunderung erfüllt und zur Anbetung niederbeugt, ist die tiefste Tiefe der Selbsterniedrigung Dessen, der, obgleich er der Sohn ist, καίπερ ὢν υἱός (Hebr. 7, 8), doch Knechtsgestalt annahm und von einem „Weibe" sich gebären, sich gehorsam unter das Gesetz thun und an's Kreuz schlagen liess. Das rechte Geheimniss und Wunder des Evangeliums ist dies: „Dass Gott seinen Sohn

---

[1]) „Nec sine homine divina, nec sine Deo aguntur humana" heisst es in der Epistola 83 ad Palaestinos episcopos.

gesandt hat in Gleichheit des Fleisches der Sünde"
(Röm. 8, 3), weshalb denn auch Johannes im ersten und zweiten
Briefe ein so enormes Gewicht auf diese Erkenntniss legt, dass
er davon die Gotteskindschaft abhängig sein lässt (1. Joh. 4, 2;
2. Joh. 7). Der ewige Logos wurde Fleisch, d. h. der menschlichen Natur, wie sie nach dem Falle ist, theilhaftig und zwar
zufolge der göttlichen Zurechnung (nicht durch anklebende
Sünde). Er wurde der menschlichen Natur von Maria, seiner
Mutter, theilhaftig; den Brüdern gleich in aller menschlichen
Art und menschlichem Wesen ($\varkappa\alpha\tau\grave{\alpha}$ $\pi\acute{\alpha}\nu\tau\alpha$ Hebr. 2, 17); versucht auf alle Weise, wie wir (Hebr. 4, 15); erhört von wegen
der Frömmigkeit (Hebr. 5, 7); lernend, wie wir, aus seinen
Leiden (Hebr. 5, 8, 9); den Zorn Gottes über die Sünde
empfindend und zwar als ihn treffend und auf ihm ruhend
(Matth. 27, 46); endlich den Glauben an Gottes Wort anfangend,
bewahrend, vollendend (Luc. 2, 40. 52; Hebr. 12, 2).

Bei solcher Vereinigung bleibt nun der Logos, was er von
je war; sein Wille bleibt rein göttlich. Aber auch die menschliche Natur bleibt, was sie geworden, d. h. eine solche, in
welcher der Ungehorsam begangen war, eine solche, die dem
ganzen adamitischen Zustande anheimgefallen ist; der Wille
der menschlichen Natur bleibt menschlich. Eine Vermittlung
beider Naturen und beider Willen zur Einheit einer sogenannten
gottmenschlichen Natur und Willens, oder eine Fusion der
zwei Naturen zu der einen gottmenschlichen findet nicht statt.
Denn alsdann bekämen wir eine glatte Spiegelfläche, auf der
sich zwar Alles treu widerspiegelt, aber unterhalb welcher kein
Leben mehr statthat. Solche Spiegelfläche boten uns bisher
nur allzu viele Dogmatiker in ihren Lehrbüchern.

Erst mit der Erhöhung findet ein anderes neues Verhältniss
des Logos zu der nunmehr verherrlichten menschlichen Natur
statt (Joh. 17, 5), worin dann aber die Berechtigung dafür
liegt, dass man von einem Stande der Erniedrigung und der
Erhöhung zu reden hat. Mit dem Zeitpunkt der Erhöhung hört
dies Verhältniss des Logos zu der $\sigma\acute{\alpha}\rho\xi$ $\dot{\alpha}\mu\alpha\rho\tau\acute{\iota}\alpha\varsigma$, dem Stand

des alten Menschen auf, und es tritt an die Stelle das von aller Schuld gelöste Menschsein, als nunmehr mit der göttlichen Natur zu einer Person auf ewig vereinigt.

Wir müssen gänzlich unterhalb des Geheimnisses stehen bleiben und von den Thatsachen der evangelischen Geschichte aus dem Geheimniss selbst näher zu kommen trachten. Alles Construiren a priori muss aufhören, und a posteriori haben wir vorzugehen, mithin von der Heiligen Schrift uns sagen zu lassen, von welcher Art das Zusammensein der zwei Naturen (die communio naturarum s. idiomatum) gewesen, und nicht wie wir laut dogmatischen Voraussetzungen wünschten, dass sie sei! Die evangelischen Zeugnisse sollen nicht in das enge Fachwerk der dogmatischen Formel hineingezwängt werden, sondern die dogmatische Formel jene Weite und Willigkeit behalten, die zur Aufnahme des ganzen Lebensbildes unseres Heilandes erforderlich ist.

Führen wir uns vor Allem einige Schriftstellen vor Augen, aus denen das Zusammensein der zwei Naturen in gewissen Lebensmomenten der Person Christi sich constatiren lässt. Auf besonders deutliche Weise tritt die thatsächliche Vereinigung des Logos mit der menschlichen Natur hervor in Joh. 3, 13: „Niemand ist gen Himmel gefahren, denn der vom Himmel hernieder gekommen ist, des Menschen Sohn, der Seiende in dem Himmel." Dem staunenden Nikodemus enthüllt sich hier der unscheinbare Sohn eines Menschen als den gleichzeitig im Himmel Anwesenden. Er, der hier vor Nikodemus steht, lebt doch zugleich seiner Macht und Wirksamkeit nach im Himmel. In ihm also haben wir die einzige Verbindung mit dem Vater anzuerkennen; Niemand, als Er, vermittelt den Verkehr der Glaubenden mit dem Vater, weil Keiner ausser ihm zu gleicher Zeit auf Erden und im Himmel ist. Also der hier Redende war zu gleicher Zeit der Seiende im Himmel und wahrhaftiger Mensch, dessen Nikodemus sich schämte und der sich zur Sünde und zum Fluch an unserer Statt machen liess (2. Cor. 5, 21; Gal. 3, 13). Als der Aermste der Armen einerseits, tritt uns doch andererseits Jesus wiederholt als Solcher entgegen, der über Alles frei zu verfügen hat (Matth. 11, 27; Joh. 3, 35; 5, 19. 23; 11, 43). An letzterer Stelle ruft Jesus: „Lazare, komm heraus!" während seine Umgebung an seiner Macht, zu helfen, zweifelt. Endlich (Luc. 23, 43) sagt der Gekreuzigte in seiner äussersten Verlassenheit zum Schächer: „Heute wirst Du mit mir im Paradiese sein."

Wenn wir also in den Evangelien sehen, dass inmitten der Niedrigkeit die Gottheit vorhanden ist und wirkt[1]) und sie dennoch den ganzen Lebensprocess Jesu nicht zu einem Schein herabsetzen, wenn sie die Fleischwerdung nicht neutralisiren soll, so müssen wir ein Zusammengehen der zwei Naturen des Erlösers annehmen, bei dem die eine der anderen zum Zweck der Erfüllung eines bestimmten Berufes (desjenigen der Erlösung) sich accommodirt. Dabei wird die göttliche Natur nichts an ihrem Adel, ihrem Glanz und ihrer Hoheit einbüssen; ja vielmehr sie erscheint uns in einem ganz neuen Lichte. Denn treffend sagt Bischof Leo (im 10. Briefe): „Inclinatio fuit miserationis, non defectio potestatis."

Der Hebräerbrief 2, 9 drückt das Nämliche auf Grund von Psalm 8, 5 bis 7 auch so aus, dass Jesus geringer gemacht sei, als die Engel, auf dass er den Tod geschmeckt habe für Alle. Die göttliche Herablassung, die schon in der Schöpfung aller Dinge sich erwiesen — sie feiert hier ihren letzten und höchsten Triumph. — „Die erhabene Majestät hat dienen wollen, auf dass wir möchten regieren; er hat ein Fremdling werden wollen, damit wir heimkehrten in's Vaterland, und in die tiefste Verworfenheit hat er sich niederbeugen wollen, damit er uns

---

[1]) Dass dies der Fall sei, steht für Luther so fest, dass er fragt: „Wie will man denn für unmöglich halten, dass der Mann Christus Jesus aller Dinge mächtig sei? Oder dass er auch auf Erden im Himmel war? (Joh. 3, 13). Waren doch selbst die Apostel auf Erden und im Himmel. Und die Christen allesammt, sofern sie ergreifen die unaussprechlichen ewigen Güter, sofern haben sie auch durch den Glauben ihr Wesen und Wandel im Himmel" (Walch. T. V, pag. 996; X, 1363).

erhöhe über alle seine Werke” — sagt Bernhard von Clairveaux!

Die Lehre von der Erhöhung, welche in den Stellen Joh. 17, 5; Phil. 2, 9; Röm. 1, 4; Hebr. 1, 4 u. a. m. vorliegt, erhält von der Fleischwerdung des Logos aus ihre rechte Begründung. Auch die verschiedene Stellung, die der Geist Gottes einmal zum Fleischgewordenen, sodann aber zum erhöhten Logos einnimmt, lässt sich von unserem Standpunkt aus erklären. Nur so versteht es sich, wie der Logos in der Lage war, mit dem Heiligen Geist erst noch erfüllt zu werden. Der Heilige Geist diente nicht etwa, wie Schneckenburger (Zur kirchlichen Christologie, S. 161 u. ö.) dem reformirten Lehrbegriff andichtet, um die Menschheit Christi mit der göttlichen Natur zur persönlichen Einheit zu verbinden, sondern die Existenz des Erlösers als des fleischgewordenen Logos erheischte diesen Einfluss des Heiligen Geistes auch auf ihn in ähnlicher Weise, wie bei uns. Seine Stellung als des Fleischgewordenen brachte es mit sich, dass er in Abhängigkeit vom Heiligen Geiste dastand (Jes. 11, 1; 42, 1; 61, 1; Luc. 4, 18), dass er an der Hand des Geistes und von ihm erfüllt wandelte (Matth. 4, 1; Luc. 4, 1; Joh. 3, 34; Matth. 12, 18. 28; Act. 1, 2; 10, 38; Röm. 1, 4). Seine Stellung als zweiter Adam brachte es mit sich, dass der Erlöser sich vom Heiligen Geiste jene Kräfte mittheilen lassen wollte, die er zu seinem Werke jeweilig nöthig hatte. Unser Erlöser liess an unserer Statt sich helfen von Dem, dessen Freude es ist, zu helfen, von dem Heiligen Geist, der dritten Person der Trinität. Als er dann scheidet von der Erde, hinterlässt er seinen Jüngern diesen Helfer und Tröster, auf dass er seine Stelle vertrete (Joh. 16, 7), und bittet den Vater nach Joh. 14, 16, selbigen Geist ihnen zu geben.

Von der Erhöhung an dagegen verfügt unser Herr über diesen Geist Gottes als seinen, des Fleischgewordenen Geist (Gal. 4, 6; Phil. 1, 19); er selbst wird ihn senden (Joh. 15, 26); er giesst ihn aus (Act. 2, 33). Mit solcher Erhöhung des

Erlösers hängt auch die ausserordentliche Ausgiessung des Heiligen Geistes am Pfingstfeste zusammen. Der Erlöser hat uns den Geist der Kindschaft erworben und sendet ihn nunmehr, nach der Erhöhung (Gal. 4, 4. 5). Jetzt ist der Erlöser verherrlicht und zwar mit jener Herrlichkeit, die er hatte vor der Welt Grundlegung bei dem Vater (Joh. 17, 5), und als Solcher macht er uns, sein Volk, seiner Herrlichkeit theilhaftig — wie Joh. 17 solches in Aussicht stellt.

II.

Ein zweites wichtiges Ergebniss haben wir aber ausserdem noch zu verzeichnen.

Von dem Geheimniss der Fleischwerdung des Wortes aus fällt Licht auf die Zurechnung der Sünde Adam's an die Nachkommen überhaupt.

Die Lehre von der Sünde wird von diesem unserem Lehrstück aus bestimmt und gewisse Irrthümer der Neueren entdeckt und rectificirt.

Bekanntlich geht Julius Müller[1]) davon aus: dass zum Begriff des Bösen bewusste Freiheit unerlässlich sei. Und da nun Sünde schon in den Anfängen des menschlichen Lebens sich zeigt, wo bewusste Freiheit nicht möglich ist, so hätten die Menschen in einem präexistenten Stand gesündigt, und damit hofft er jene bewusste Freiheit zu gewinnen, aus der die uns angeborene Sündhaftigkeit abzuleiten wäre. Dorner[2]) widerlegt dies nun zwar ganz correct, aber trotzdem ist auch ihm zum Begriff des Bösen bewusste Freiheit unerlässlich. Diese Entscheidung dem Menschen zu ermöglichen, setzt Dorner alle vor Christus geschehene Sünde gleichsam in den Vorhof und lässt erst seit der Erscheinung Christi den Menschen vor die Entscheidung für oder wider Christum gestellt werden. Statt nach rückwärts mit Julius Müller zu greifen, greift er nach vorwärts und bleibt gleichfalls dabei stehen: dass es kein Böses gibt ohne freie selbstbewusste Einwilligung des Menschen. Der von Adam ererbte Stand ist also etwas rein Vorläufiges, und erst unter dem Einfluss des Evangelii von Christo

---

[1]) Lehre von der Sünde, Bd. II, Buch 3, 4.
[2]) Chr. Glaubenslehre II, 1, S. 87 ff.

entscheiden sich die Menschen für ihr ewiges Wohl oder Wehe, was übrigens Müller (Lehre von der Sünde) auch annimmt. So etwas nennen diese Dogmatiker dann eine nothwendige Fortbildung der evangelischen Kirchenlehre; sie suchen sogar Anknüpfungspunkte dafür in der doch von solchen Häresien noch völlig reinen Concordienformel[1]), und währenddem sie dem Fass der reformatorischen Lehre schon längst unten den Boden ausgeschlagen haben, behaupten sie doch, es sei noch das alte, aber neuerdings verbesserte Fass.

Die Fleischwerdung des Logos jedoch lehrt uns anders von der Zurechnung der Sünde und Schuld Adam's denken, als es die Neueren bei ihrem rein philosophischen Begriff der Persönlichkeit thun. Es ist ja freilich ein Fündlein der modernen Philosophie seit Kant, dass es zwar ein gewisses radicales Böse in der Welt gebe, aber dass dieses nur diene, um den Entwicklungsprocess, mit Hilfe des kategorischen Imperativs, einzuleiten. Gut ist der Mensch nur dann, wenn er durch eigenen Willensentschluss sich selbst zu einem Guten gemacht hat.

Aristoteles drückt dies so aus: „Es steht die Tugend in unserer Macht." Nach den genannten Philosophen kann es mithin zur Sünde nur durch persönliche Selbstentscheidung und Gutheissung des Individuums kommen; Erbsünde und Erbschuld durch blosse Zurechnung gibt es nicht. Und wenn nun auch Kant von einem radicalen Bösen redet, so ist dies nichts, was der Freiheit des Willens im Wege stünde und ihm allzu grosse Besorgniss machte.

Von dieser Auffassung des Bösen ist jedoch die Heilige Schrift weit entfernt.

Wir sind wie in eine andere Welt versetzt, wenn wir von dem Markt der heutigen theologischen Wissenschaft in das innere Heiligthum der Schrift, in welchem unsere Reformatoren zu Hause waren, uns begeben.

---

[1]) S. Dorner II, 1, S. 64.

Mit Nachdruck wird da z. B. der Artikel von der Gottheit Christi verwerthet, um die Lehre von der Versöhnung richtig zu fassen. Arius (sagt Luther zu Gal. 3, 13) leugnete jenen Artikel und leugnete nothwendig damit den Artikel von der Versöhnung. So können wir nun sagen: Die Arianer waren Pelagianer vor Pelagius und hatten auch kein richtiges Verständniss der Lehre vom Menschen und seinem schweren Fall. Ueberhaupt hat ja die griechische Kirche in ihrem Stehenbleiben bei Johannes Damascenus sich aller Früchte, die in späteren Jahrhunderten gezeitigt wurden, beraubt. In gleicher Weise steht nun das Geheimniss von der Fleischwerdung des Wortes im engsten Verbande mit der Zurechnung der Sünde und Schuld Adam's.

Indem der Logos Fleisch wurde, nahm er nach altkirchlicher und reformatorischer Feststellung wahre menschliche Natur, nicht aber eine menschliche Person, wie die Antiochener und Nestorius lehrten, an. Vielmehr brachte der Logos das Personbildende mit sich. Und so sagt denn auch die Schrift nirgendwo: Der Logos wurde „Mensch", sondern „Fleisch". Und das nicenische Glaubensbekenntniss (381 n. Chr.) trägt dem Rechnung, wenn es von der zweiten Person in der Gottheit sagt: τὸν δί ἡμᾶς τοὺς ἀνθρώπους καὶ διὰ τὴν ἡμετέραν σωτηρίαν κατελθόντα ἐκ τῶν οὐρανῶν καὶ σαρκωθέντα ἐκ Πνεύματος ἁγίου καὶ Μαρίας τῆς παρθένου, καὶ ἐνανθρωπήσαντα. Sowohl die Ausdrücke σαρκωθέντα als auch ε'νανθρωπήσαντα sagen etwas Anderes, als das recht äusserliche und antiochenisch klingende „Menschwerdung" Gottes, wovon die Bücher der Neueren erfüllt sind. Nicht die Zusammenkoppelung des Logos mit einem „Menschen", sondern vielmehr der um unseretwillen und unserer Errettung halber aus dem Himmel gekommene und Fleisch gewordene — und „eingemenschte" — Sohn Gottes ist es, den das nicenische Symbol bekennt. Dass Gott Mensch geworden, würde zur nestorianischen Häresie führen; dass er Fleisch geworden (Joh. 1, 14; 1. Joh. 4, 2) ist ein Geheimniss der Gottseligkeit, das die Kirche stets sich bewahrt hat. Bischof

Leo's Epistel an Flavianus bezeichnet den Abschluss dieser Lehre und bildet zugleich die rechte Mitte zwischen auseinanderlaufenden Ketzereien. Im Chalcedonischen Concil 451 wurde diese Anschauung Leo's sanctionirt. Unsere Reformatoren nahmen in ihren Bekenntnissen diese Anschauung herüber und bildeten die sogenannte Lehre von der communio naturarum sive idiomatum nur noch weiter aus[1]).

Es entging ihnen aber noch, welche gewaltige Waffe die Lehre von der σάρκωσις des Logos für die Vertheidigung der Zurechnung der Sünde und Schuld Adam's enthielt. In diesem Fall war es doch mit Händen zu greifen, dass der Logos, indem er Fleisch ward und damit unserer Menschennatur einverleibt und der vollen menschlichen Natur theilhaftig, unter eine Zurechnung fremder Schuld fiel, deren wir Alle von der mütterlichen Empfängniss an theilhaftig sind. Und zwar bedurfte es zu dieser Zurechnung der Sünde Adam's nicht einer solchen Persönlichkeit, die etwa in der Präexistenz oder in den Lenden Adam's befindlich kraft freien Entschlusses gesündigt hätte, sondern es genügt der göttliche Wille, nach gerechtem Urtheil (s. Gen. 2, 17) Sünde zurechnen zu wollen allen Jenen, die mit dem Gott verhassten[2]) Stammvater Adam in einem Geschlechtszusammenhang stehen. Von dem Fündlein der Philosophie, dass nur immer jede einzelne Person wieder im Stande ist, Schuld zu contrahiren, ruft uns die Zurechnung der Sünde Adam's, die auch dem Logos nach göttlichem Willen im Moment der Fleischwerdung nicht erspart wurde, zurück. Gott hat ihn, der um Sünde nicht gewusst, für uns zur Sünde gemacht (2. Cor. 5, 21). Gott sandte seinen Sohn in Gleichheit eines Fleisches der Sünde (Röm. 8, 3) und legte damit den Grund zur nachmaligen Behandlung Christi als des Bürgen

---

[1]) Vergl. Calvin, Institutio II, 14, 1; woselbst er von dieser ἰδιωμάτων κοινωνία redet.

[2]) Vergl. das ἐχθροί, d. h. Gott verhasst in Röm. 5, 10, sowie τέκνα φύσει ὀργῆς in Eph. 2, 2, d. h. Kinder des Zornes, die solches von Natur, zufolge ihrer Abstammung von Adam her, sind.

seines Volkes. Und will nun dieses sein Volk von der ihm gleichfalls zugerechneten Sünde und Schuld freikommen, so hat es auf Christum, den an unserer Statt zum Fluch (Gal. 3, 13) Gemachten zu sehen. Gottes Volk darf in keinem Fall mit Dorner und den Neueren den Schuldbrief eigenwillig revidiren oder die selbstständige Uebernahme der Schuld etwa hinausschieben bis zu den Jahren des gereiften Seelenlebens, um nun eine Entscheidung erst noch zu treffen, welche vorlängst getroffen ist.

Herrlich hebt Luther dies hervor, dass, weil Christus „für uns" ein Fluch geworden, in keinerlei Weise und unter keiner Bedingung mehr von unserer Sünde und Fluch die Rede sein dürfe, denn sie seien getilgt durch Christus. Vorher aber und abgesehen von Christus sei die Sünde und der Fluch immer gleicherweise noch zu unseren Lasten (zu Gal. 3, 13). Und wenn nun ein Melanchthon[1] diese Erklärung des Galaterbriefes von Luther mit dem Ariadnefaden vergleicht, den wir in der Dunkelheit dieses paulinischen Briefes hoch nöthig hätten, sollten dann unsere heutigen Theologen nicht einmal respectvoll still stehen und die machtvollen Worte des Reformators erwägen? Die Rechtfertigung aus dem Glauben und nicht aus Werken — zu welchen Werken doch gewiss auch Dorner's und der Neueren Zustimmung des Sünders im Acte der Bekehrung gehört — lehrt dieser Brief und besonders Cap. 3, 13. 14, wie kein anderer. Ja, er lehrt mehr. Wenn der Logos, als er Fleisch wurde, sich eben damit bereits zur Sünde machen liess, so dass die ganze Last des Zornes Gottes, die ganze Wucht der Abrechnung mit den Sündern auf seine Schultern allein fiel, wie bliebe da auch nur noch ein Gedanke übrig, dass die Zurechnung der Sünde Adam's an die Einzelnen die Einwilligung jeder einzelnen Person voraussetze, und da diese nicht herzustellen in der Vergangenheit, auf den Synergismus des Menschen in der Zukunft mit den Neueren zu recurriren sei?

---

[1] Im Briefe an Jo. Hessus vom 17. April 1520; Corp. Ref. I, 459.

Nein, die Fleischwerdung des Logos bläst allem solchen Synergismus das Lebenslicht aus. Hier wird dem Logos, der mit der menschlichen Natur sich vereint, die Sünde und Schuld Adam's zugerechnet, und damit ward er für uns zur Sünde und zum Fluch gemacht. So ernst also sieht es mit der Sünde aus, dass Gott dieselbe, ehe denn er sie ungestraft liess hingehen, an seinem lieben Sohn Jesu Christo mit dem bitteren und schmählichen Tod des Kreuzes gestraft hat[1]). Dahin ist es durch die Sünde mit uns gekommen, dass der Sohn Gottes an Leib und Seele die ganze Zeit seines Lebens auf Erden, sonderlich aber am Ende desselben, den Zorn Gottes wider die Sünde des ganzen menschlichen Geschlechts getragen hat, wozu Jesaia 53, 5 als Beweisstelle citirt wird[2]). Christus ubi reus ad tribunal sistitur, testimoniis arguitur et premitur, ipsius judicis ore morti addicitur: his documentis intelligimus, ipsum personam sontis et malefici sustinere (Calvin, Instit. II, 16, 5). Und abermals: Haec nostra absolutio est, quod in caput Filii Dei translatus est reatus, qui nos tenebat poenae obnoxios (vergl. auch den ganzen § 6 a. a. O.). Und ebenso urtheilt Melanchthon in epistolam ad Romanos 8, 3 zu den Worten περὶ ἁμαρτίας: Est enim sententia, hanc victimam pro nobis fuisse ream et horrendam iram Dei sustinuisse, quasi ipse omnia nostra, mea et tua scelera fecisset, sicuti Esaias inquit: Posuit Dominus in eum iniquitates omnium nostrum.

Aber wir vernehmen die Einwürfe unserer Gegner. Sie fragen uns: Ist denn Gott nicht ungerecht, dass er allem Fleisch (in biblischer Bedeutung dieses Wortes) zürnt — und nicht allein der Person, die mit Selbstbewusstsein und Selbstbestimmung ausgestattet ist, mithin, dass Er es nicht vielmehr so einrichtete, dass mit jedem Individuum von neuem angehoben werde und also der Einzelne immer wieder von vorn anfängt, wo Adam anfing? Soll Gott denn nicht warten, bis der Mensch in eigener Person über sein ewiges Wohl oder Wehe die

---

[1]) Worte des Pfälzer Abendmahlsformulars.

[2]) Heidelberger Katechismus 37.

Entscheidung trifft? Nun, wir wissen es wohl: seit 80 bis 100 Jahren ist uns Allen dieses Lied von der Freiheit des wie auch immer in Ketten Geborenen von der Wiege an vorgesungen worden. Aber biblische und reformatorische Lehre ist es nicht, wenn auch der Versuch immer wieder gemacht worden, die Maske der Reformatoren und Apostel in diesem Lehrpunkte anzunehmen.

Unsere Gegenfrage lautet nun folgendermassen: Wäre das gottwürdig und gerecht, wenn der Allerhöchste, wie die Pelagianer und Semipelagianer wollen, Alles von vornherein auf die Person abgestellt und geduldig bei dem Willküract dieser einzelnen Personen Halt gemacht hätte, um es davon abhängig sein zu lassen, was er demnächst thun werde und was nicht? Ein schöner Gedanke, dass Gott mit der Erschaffung eines jeden Individuums sich in eine möglicherweise in's Unendliche dauernde Spannung versetzt haben würde, ob das betreffende Wesen ihn gelten lassen oder sich nicht lieber seine Welt für sich einrichten wolle. Kann eine Weltregierung statt haben, ein Weltplan eingehalten werden bei einer solchen sich in's Unermessliche zersplitternden Rücksichtsnahme auf die freien Entschliessungen aller Menschen? Und ist Gott etwa gerechter, wenn er, indem er es bei solcher Abhängigkeit von den Willküracten aller Menschen[1] aufgeben muss, einen bestimmten Plan einzuhalten — die Welt lieber ungeschaffen lässt? Ist er gerecht, wenn er die Creatur auf den Thron setzt und sich darunter?

Fühlen denn unsere gelehrten Theologen nicht, dass weit besser als ihr Synergismus (in der Vergangenheit des Präexistenzzustandes oder in der Zukunft, in der die Erlösungsanerbietung stattfindet), die Lehre von der Seelenwanderung wäre? Bei jenem Synergismus stellt man das Beste der göttlichen Rathschlüsse, den Rathschluss der Erlösung in Frage und macht ihn abhängig von der einschlägigen Willensentscheidung

---

[1] Denn von einer dem Schöpfer ähnlichen Aseïtät des Menschen hierbei zu reden, das ist doch wohl nur Dorner vorbehalten gewesen.

des Menschen. Je nachdem Einer mehr oder minder lebendige Empfänglichkeit hat für die Erlösung, wird sich ein Unterschied in dem definitiven Masse der Sünde und Schuld ergeben und erst im Lager der Menschheit entscheiden sich die Pläne der Gottheit. Ist der Widerstand durch die Gnade nicht zu brechen — und dies hängt eben von Zweien ab — dann kann Gott ewig vor dem Lager der Menschen warten. Denn dass unsere Neueren versichern, der Mensch werde schon nachgeben, das ist eben ein schlechter Trost und befriedigt Niemand, weder Gott noch Menschen. Wir sagen: Die Lehre von der Seelenwanderung, die es auf eine Besserung der bösen Menschen, sei es auch nach Millionen von Jahren, anlegte, ist nunmehr consequenter. Ist der Weg auch lang, man kommt doch endlich noch zum Ziele.

Aber bei einer Christuslehre, wie viele der Neueren sie dem Sünder anbieten, zur allfälligen Annahme oder Nichtannahme, liegt Alles im Tode begraben. Es sind reine Hypothesen, dass solch ein Christus mit solch einem Menschen jemals zu einem Gott verherrlichenden Ziele gelangen werde. Die Versicherung der Neueren, dass dies dennoch geschehen werde, ist für die christliche Gemeinde ein schlechter Trost.

Wir treffen also in's Herz des Pelagianismus und Semipelagianismus, wenn wir die Fleischwerdung des Logos in ihrer ganzen Tiefe fassen. Wir haben hier wirklich den zweiten Adam. Der Fleisch gewordene Logos tritt an Adam's Stelle; er wird ganz ein Adamskind. Wir wiederholen, was ein Stammhalter der Orthodoxie, Bischof Damasus (circa 377 n. Chr.), sagt: „Der Logos, der Sohn Gottes, hat selbst menschlichen Leib, Seele und Geist angenommen, d. h. den vollständigen Adam und, ausdrücklicher zu reden, unseren ganzen alten Menschen, ohne die Sünde.” In diese Stellung Adam's tritt er unter ganz anderen Auspicien in die Welt ein, wie sie einst Adam begünstigten. Adam stand im Bilde Gottes, das ewige Wort wird Fleisch. Adam war ἐν ὁμοιώσει Θεοῦ erschaffen (Gen. 1, 26. 27), Christus dagegen wird gesandt ἐν ὁμοιώματι

σαρκὸς ἁμαρτίας, d. h. nicht sub specie carnis peccato obnoxiae
(wie Erasmus will, um, wie er sagt, eine falsa similitudo her-
auszubringen), sondern wirklich so, dass er nocentis personam
assumpsit, wiederum nicht aus Heuchelei, wie Erasmus sagt,
sondern ganz wahrhaftig, und um unseres Gleichen in aller
und jeder Beziehung (Hebr. 2, 14 bis 17) zu werden. Es geht
nicht an, hier, wie selbst Philippi will, ein quasi einzuschieben,
was den Worten Pauli die Spitze abbrechen hiesse[1]).

Christus war als wahrer Mensch in der Verfassung, Gegenstand des göttlichen Zornes und der Verdammniss zu werden.
Aus grosser Barmherzigkeit wollte er sich solchem von der
göttlichen Gerechtigkeit ihm auferlegten Lose nicht entziehen,
wie denn Keiner von uns solches kann. Und indem nun der
Mittler Jesus Christus, welcher der Mittler ist nach seiner göttlichen und menschlichen Natur, sich allen Folgen der Fleischwerdung willig unterzog, so bleibt uns nichts übrig, dem wir
uns noch nachträglich unterziehen müssten. Es bleibt uns nicht
übrig, mit Seiner Hilfe etwa den alten Adam in uns zu tödten;
auf die Rechtfertigung eine Heiligung aus eigener Kraft folgen
zu lassen. Nein, unser alter Mensch — das Ich miteingerechnet
— ist mit ihm (da er am Kreuz hing) mitgekreuzigt, ist mit-
auferweckt, da er auferweckt wurde, und versetzt in's himmlische Wesen (Röm. 6, 6; Epheser, 2, 5. 6).

Und wenn uns nun wirklich die Sünde drängt und das
Gesetz zwingt, so werden wir nicht ferner an unseren ver-
rotteten Wurzeln haften bleiben, um hier die letzten Säfte
herauszuziehen, sondern wir werden Verlangen tragen, auf ihn
gepfropft zu werden durch wahren Glauben, auf ihn, der unser
Ein und Alles ist. Es wäre ein perverser und gottloser Un-
glaube, noch bei sich selbst es suchen oder in das eigene
Zustimmen oder Abweisen der Gnade Gottes in Christo die
Ausschlag gebende Entscheidung verlegen zu wollen — nachdem
Christus Alles vollbracht.

---

1) S. Philippi z. d. St. im Commentar. Auch Grotius bedient sich hier
der Ausflüchte — überhaupt kein Ausleger will recht an das Problem heran.

Unser Heiland hat längst an dem Kreuze, ja von seiner Empfängniss im Mutterschosse an alle jene Obliegenheiten auf sich genommen und zum guten Ende geführt, welche, im Fall dies nicht geschehen wäre, von jedem einzelnen Menschen bis auf den letzten hin hätten übernommen werden müssen. Seitdem Christus dies gethan — hat aller Menschen Thun ein für allemal ein Ende. Soli Deo gloria!

# ANHANG.

―――

## Auslegung des Galaterbriefes von Dr. M. Luther. Cap. 3, 13.

(Nach der Erlanger Ausgabe von Irmischer, 1843, übersetzt im Auszuge.)

Paulus hat seine Worte gut gesetzt und dem Gegenstande gemäss gesprochen. Es ist aber hier eine Unterscheidung zu machen, was Pauli Worte genügend anzeigen. Denn er sagt nicht: „Christus sei ein Fluch geworden für sich", sondern „für uns". Auf dem „für uns" liegt der Nachdruck. Denn Christus ist, was seine Person anbelangt, ohne Sünde, durfte also auch nicht an's Kreuz geschlagen werden. Weil aber jeder Verbrecher nach dem Gesetze gekreuzigt werden musste, so musste auch Christus selbst nach dem Gesetze Mosis gekreuzigt werden, weil er die Person eines Sünders und Verbrechers vorstellte, und nicht die eines, sondern die aller Sünder und Verbrecher. Denn wir sind Sünder und Verbrecher, daher also dem Tode und der ewigen Verdammniss verfallen. Christus aber nahm auf sich alle unsere Sünden, und für diese ist er am Kreuze gestorben. Daher musste also er ein Verbrecher werden und, wie Jesaias sagt Cap. 53, 12, unter die Verbrecher gezählt werden.

Und zwar alle Propheten haben dies im Geiste gesehen, dass Jesus der allergrösste Räuber, Mörder, Ehebrecher, Dieb, Tempelräuber, Gotteslästerer sein werde, weil er als Sühnopfer für die Sünden der ganzen Welt erscheint und nun nicht mehr eine unschuldige Person und ohne Sünde ist, nicht mehr geboren von der Jungfrau als der Sohn Gottes, sondern als Sünder, der da in sich hat und trägt die Sünde Pauli, welcher ein Lästerer, Verfolger und gewaltthätiger Mensch war, die Sünde des Petrus, der Christum verleugnete, die Sünden David's, welcher ein Ehebrecher und Mörder war, und sogar die Völker den Namen Gottes schmähen lies; kurz, Christus hat und trägt Aller Sünden in seinem Leibe, nicht dass er sie selbst begangen hat, sondern weil er die von uns begangenen Sünden auf sich nahm, um für sie mit seinem eigenen Blut Genugthuung zu leisten. Daher betrifft ihn, obgleich er für seine Person unschuldig ist, jenes allgemeine Gesetz Mosis, weil es ihn unter Sündern und Räubern fand, wie die Obrigkeit den für einen Schuldigen hält und straft, den sie unter Räubern ergreift, wenn er auch nie etwas Böses und des Todes würdiges begangen hat. Christus ist aber nicht nur unter Sündern erfunden worden, sondern er wollte freiwillig und nach dem Willen seines Vaters der Genosse der Sünder sein, nachdem er Fleisch und Blut Derer angenommen, die Sünder und Räuber, kurz mit allen Sünden angethan sind. Wenn ihn nun das Gesetz unter Räubern fand, so hat es ihn auch wie einen Räuber verurtheilt und getödtet. — — —

Aber es könnte Jemand einwenden: „Es ist doch ganz ungereimt und schmachvoll, den Sohn Gottes einen Sünder und einen Fluch zu nennen." Ich antworte: „Wenn Du nicht glauben willst, dass er ein Sünder und ein Fluch sei, so musst Du auch leugnen, dass er gelitten habe, gekreuzigt worden und gestorben sei. Denn es ist ebenso ungereimt zu sagen, der Sohn Gottes sei gekreuzigt worden und habe die Strafe der Sünde und des Todes auf sich genommen, als ihn einen Sünder und einen Fluch zu nennen. Wenn aber das Bekenntniss und der Glaube, Christus sei unter Räubern gekreuzigt worden, nicht ungereimt ist, dann ist es auch nicht unschicklich, ihn einen Fluch und einen Sünder unter Sündern zu nennen. Wahrlich, die Worte Pauli sind nicht ohne Bedeutung: „Christus ist ein Fluch geworden für uns", und: „Gott machte Christum, welcher von keiner Sünde wusste, für uns zur Sünde, dass wir würden in ihm die Gerechtigkeit, die vor Gott gilt." (2. Cor. 5, 21). In demselben Sinne nennt ihn Johannes der Täufer das Lamm, welches der Welt Sünde trägt (Joh. 1, 29). Er selbst zwar ist unschuldig, weil er das unbefleckte Lamm Gottes ist; weil er aber die Sünden der Welt trägt, wird er, der Unschuldige, von der Schuld und Sünde der ganzen Welt getroffen. Alle Sünden, die ich, Du und wir Alle begangen haben, sind so sehr Christo eigen, als hätte er sie selbst begangen. Kurz, unsere Sünde muss Christi eigene Sünde werden oder wir werden für immer verloren gehen. Diese wahre Erkenntniss von Christo, welche Paulus und die Propheten so klar überliefert haben, verdunkelten die gottlosen Sophisten.

Esaias sagt von Christo (Cap. 53, 6): „Der Herr warf unser aller Sünde auf ihn." Wir dürfen jene Worte nicht abschwächen, sondern müssen ihre eigentliche Bedeutung gelten lassen. Gott scherzte nicht in den Worten der Propheten, sondern spricht in vollem Ernst und aus grosser Liebe, nämlich, dass Christus, das Lamm Gottes unser aller Sünde tragen sollte. Aber was heisst denn tragen? Die Sophisten antworten: Bestraft werden. Gut. Aber weshalb wird Christus gestraft? Etwa nicht deswegen, weil er Sünde hat und in sich trägt? Dass er aber Sünde hat, bezeugt auch der Heilige Geist (Ps. 40. 13): „Es haben mich meine Sünden ergriffen, dass ich nicht sehen kann; ihrer ist mehr denn Haare auf meinem Haupte", und (Ps. 41, 5): „Ich sprach: Herr sei mir gnädig, heile meine Seele, denn ich habe an Dir gesündigt", und (Ps. 69, 6): „Gott, Du weisst meine Thorheit, und meine Schulden sind Dir nicht verborgen." In diesen Psalmen spricht der Heilige Geist in der Person Christi; und mit klaren Worten bezeugt er, dass er Sünden habe. Es sind ja diese Zeugnisse der Psalmen die Stimmen nicht des unschuldigen, sondern des leidenden Christus, der es auf sich nahm, die Person aller Sünder vorzustellen (personam gerendam suscepit), und deshalb ist er schuldig der Sünden der ganzen Welt.

Deshalb ist Christus nicht allein gekreuzigt worden und gestorben, son dern durch die göttliche Liebe ist die Sünde auf ihn gelegt. Da nun die Sünde auf ihn gelegt war, kommt das Gesetz und sagt: „Jeder Sünder muss sterben. Wenn Du also, o Christus, geloben willst, ein Schuldiger zu sein und die Strafe für die Sünder zu tragen, so sollst Du auch die Sünde und den Fluch tragen." Mit Recht führt Paulus jenes Hauptgesetz aus Mose an betreffs Christo: „Jeder, der am Kreuze hängt, ist ein Fluch Gottes, Christus hing am Kreuze, folglich ist er ein Fluch Gottes."

Nun wendet sich Luther gegen die Sophisten und hält ihnen ihre thörichte Meinung, durch eigene Werke, d. h. durch Werke des Gesetzes gerecht zu werden, vor Augen.

„Nun aber wollen wir sehen (fährt Luther fort), wie in dieser einen Person zwei so äusserst verschiedene Dinge zu-sammentreffen. Es dringen auf ihn nicht nur meine, Deine, sondern die Sünden der ganzen Welt, die vergangenen sowohl als die gegenwärtigen, als auch die zukünftigen ein, und suchen ihn zu verurtheilen, wie sie es auch wirklich erreichen. Weil aber in eben jener Person, welche der grösste und alleinige Sünder ist, auch ewige und unbesiegbare Gerechtigkeit ist, deshalb treffen auch jene zwei Dinge, die grösste und alleinige Sünde und die grösste und alleinige Gerechtigkeit, zusammen. Hier muss nun das Eine weichen und nothwendigerweise besiegt werden, wenn sie mit so grossem Ungestüm auf ein-ander stossen. Die Sünde also der ganzen Welt stürzt sich mit aller Gewalt und Wuth auf die Gerechtigkeit. Was ge-schieht? Die Gerechtigkeit ist ewig, unsterblich, unbesiegbar. Die Sünde ist auch der mächtigste und grausamste Tyrann, herrschend über die ganze Erde, der die Menschen fängt und unter seine Knechtschaft bringt. Kurz, die Sünde ist der grösste und mächtigste Gott, der das ganze Menschengeschlecht zu-nichte macht, Alle, Gelehrte, Heilige, Mächtige, Weise, Un-gelehrte u. s. w. Dieser, sage ich, stürzt sich nun auf Christum und will ihn wie die Anderen verschlingen. Aber er sieht nicht, dass dies eine Person, begabt mit unbezwinglicher und ewiger Gerechtigkeit ist. Daher muss in diesem Zweikampf die Sünde besiegt und vernichtet werden, und die Gerechtigkeit siegen und leben. So wird in Christo der Welt Sünde besiegt, getödtet und begraben und es bleibt siegreich und ewig regierend die Gerechtigkeit.

In gleicher Weise hat auch der Fluch, welches der Zorn Gottes über die ganze Welt hin ist, einen Wettkampf zu bestehen mit dem Segen, d. h. mit der ewigen Gnade und dem ewigen Erbarmen Gottes in Christo. Es trifft also der Fluch mit dem Segen zusammen und will verdammen und weiter zunichte machen; aber er vermag es nicht. Denn der Segen ist göttlich und ewig, daher muss ihm der Fluch weichen. Denn wenn der Segen in Christo überwunden werden könnte, würde Gott selbst überwunden. Das ist aber unmöglich. Daher besiegt und beseitigt Christus, die göttliche Tugend, Gerechtigkeit, Gnade, Liebe und Leben jene Ungeheuer, Sünde, Tod und Fluch, ohne Waffen und Kampf, in seinem Leibe und in sich selbst, wie Paulus gern zu sagen pflegt: „Und hat ausgezogen die Fürstenthümer und Gewaltigen und einen Triumph aus ihnen gemacht durch sich selbt", damit sie den Gläubigen fürderhin nicht schaden könnten."

Nun wendet sich Luther gegen die Sophisten und Papisten und fährt sodann fort:

„Lasst uns also mit Danksagung und zuversichtlichem Vertrauen diese süsse und trostreiche Lehre annehmen, die da lehrt, dass Christus für uns ein Fluch geworden (d. h. als Sünder dem Zorne Gottes unterworfen) sei, unsere Person annehme und auf seine Schultern die Sünde nehme und sage: „Ich habe gesündigt, was die Menschen begangen." Dann ist er in Wahrheit ein Fluch geworden nach dem Gesetz, nicht „für sich", sondern, wie Paulus sagt: „für uns". Denn hätte er nicht meine, Deine und der ganzen Welt Sünden auf sich genommen, so hätte das Gesetz keine Macht an ihm gehabt, welches verurtheilt und den Sünder nur unter dem Fluche hält.

Deshalb hätte er weder ein Fluch werden noch sterben können, wenn die Ursache des Fluches und Todes Sünde war, von der er frei war. Weil er aber unsere Sünden nicht gezwungen, sondern freiwillig auf sich genommen hatte, musste er den Zorn und die Strafe Gottes tragen, nicht für seine Person, die gerecht und unbesiegbar war und in Folge dessen auch nicht schuldig werden konnte, sondern für unsere Person.

Indem er diesen uns beglückenden Tausch einging, nahm er unsere sündhafte Natur auf sich und schenkte uns seine unschuldige und siegreiche. Mit dieser ausgestattet, werden wir vom Fluch des Gesetzes befreit, weil Christus selbst freiwillig für uns ein Fluch geworden ist, indem er sagte: „Ich bin für meine menschliche und göttliche Person gesegnet und bedarf keines Dinges, aber ich werde mich entäussern, Euer Gewand und Euer Gesicht, d. i. menschliche Natur annehmen, und in ihr einhergehen und den Tod erleiden, um Euch vom Tode zu befreien." Und als er so in unserer Gestalt die Sünde der ganzen Welt trug und ist ergriffen worden, hat er gelitten, ist er gekreuzigt worden, gestorben und für uns ein Fluch geworden. Weil er aber eine göttliche und ewige Person war, konnte er unmöglich dem Tode verfallen. Daher stand er am dritten Tage vom Tode auf und lebt nun in Ewigkeit, und es wird in ihm nicht mehr erfunden die Sünde, unsere Gestalt und der Tod, sondern lauter Gerechtigkeit, Leben und ewige Seeligkeit."

Und weiter unten heisst es:

„Dass aber nun unter Christi Herrschaft in Wahrheit keine Sünde, kein Tod und Fluch vorhanden ist, das bekennen wir auch täglich im apostolischen Glaubensbekenntniss, wenn wir sprechen: „Ich glaube eine heilige Kirche", d. h. nun völlig nichts Anderes, als: Ich glaube, dass kein Tod, keine Sünde in der Kirche sei, weil die an Christo Glaubenden nicht sind Sünder und des Todes schuldig, sondern geradezu Heilige und Gerechte, Herren über Sünde und Tod, die da ewiges Leben haben. Aber das sieht nur der Glaube, weil wir sagen: „Ich glaube eine heilige Kirche". Wenn Du Dich aber mit der

Vernunft und Deinen Augen beräthst, so wirst Du anders urtheilen. Denn Du siehst Vieles an den Frommen, was Dich beleidigt. Du siehst sie manchmal fallen, sündigen, Du siehst, dass sie nicht fest sind im Glauben, dass sie an Zorn, Neid und anderen bösen Leidenschaften leiden; also ist die Kirche keine heilige. Und diese Folge leugne ich nicht. Wenn ich meine oder meines Nächsten Person ansehe, wird sie nie heilig sein. Sehe ich aber auf Christus, der die Kirche heiligt und sündlos macht, so ist die ganze Kirche heilig. Denn Dieser hat die Sünden der ganzen Welt hinweggenommen.

Daher sind nun in Wahrheit die Sünden nicht dort, wo man sie sieht und fühlt. Denn nach Pauli Theologie ist keine Sünde, kein Tod, kein Fluch mehr in der Welt, sondern in Christo, welcher das Lamm Gottes ist, der die Sünden der ganzen Welt hinweggenommen, der ein Fluch geworden ist, um uns vom Fluch zu befreien. Nach der Vernunft aber und nach der Philosophie sind Tod und Fluch nirgend anders als in der Welt, im Fleisch und in den Sündern. Ein sophistischer Theologe kann über die Sünde nicht anders urtheilen, als ein heidnischer Philosoph, nämlich so: die Eigenschaft hängt an der Materie oder am Subject; wie nun die Farbe an der Wand, so haftet die Sünde in der Welt, im Fleisch und im Gewissen. Sie muss also getilgt werden durch entgegengesetzte Triebe, durch Liebe. Die wahre Theologie aber lehrt, dass keine Sünde mehr in der Welt ist, weil Christus, auf den der Vater die Sünden der ganzen Welt geworfen hat (Jes. 53, 6), sie besiegt, vernichtet und getödtet hat in seinem eigenen Leibe. Nachdem dieser einmal gestorben ist der Sünde, und wieder auferstanden von den Todten, so stirbt er hinfort nicht mehr. Wo immer nun der Glaube an Christum lebt, dort ist in Wahrheit die Sünde beseitigt, gestorben und begraben. Wo aber der Glaube an Christum nicht ist, dort bleibt die Sünde. Obgleich nun Reste der Sünde auch jetzt noch bei den Heiligen sind, weil sie nicht vollkommen glauben, so sind doch jene todt, weil sie wegen des Glaubens an Christum nicht angerechnet werden.

Der Text ist also deutlich, dass alle Menschen, auch die Apostel, Propheten und Patriarchen unter dem Fluch geblieben wären, wenn Christus sich nicht der Sünde, dem Fluch des Gesetzes, dem Tode, dem Zorn und Richterspruche Gottes entgegengestellt und sie in seinem Leibe besiegt hätte (denn jene grausamen Ungeheuer konnten durch keine menschliche Macht überwunden werden). Nun ist aber Christus nicht Gesetz, nicht ein Werk des Gesetzes, sondern eine göttliche und menschliche Person, welche die Sünde, den Fluch des Gesetzes und den Tod nicht für sich, sondern für uns auf sich nimmt. Wir dürfen also nicht glauben, Christus sei eine unschuldige und private Person (wie die Sophisten und fast alle Kirchenväter, Hieronymus und die Anderen gethan haben), welche nur für sich heilig und gerecht ist. Es ist ja wahr, dass Christus eine überaus reine Person ist, aber dabei darf man nicht stehen bleiben. Du hast Christum noch nicht, auch wenn Du ihn als Gott und Menschen kennst, vielmehr hast Du ihn dann wirklich, wenn Du glaubst, dass diese reine und unschuldige Person Dir vom Vater gegeben sei, dass er hoher Priester und Erlöser, ja sogar Dein Diener sei, welcher seine Unschuld und Heiligkeit abgelegt und Deine sündhafte Natur angenommen hat, um Deine Sünde, Deinen Tod und Deinen Fluch zu tragen, und das Opfer und der Fluch für Dich werden, um Dich so vom Fluch des Gesetzes zu befreien.

Du siehst also, mit wie ganz apostolischem Geiste Paulus diesen wichtigen Beweis von der Gnade und dem Fluche behandelt, wenn er Christum selbst nicht nur dem Fluche unterwirft, sondern sogar von ihm sagt, dass er zum „Fluch" gemacht sei. So nennt er ihn 2. Cor. 5, 21 „Sünde", wenn er sagt: „Ihn, welcher die Sünde nicht kannte, hat Gott für uns zur Sünde gemacht" etc. Obgleich nun diese Aussprüche in rechter Weise folgendermassen ausgelegt werden könnten: „Christus ist für uns ein Fluch geworden, d. h. ein Opfer für den Fluch, er ist Sünde geworden, d. h. ein Opfer für die Sünde," so ist es doch besser, die eigentliche Bedeutung der Worte bei-

zubehalten, wegen des grösseren Nachdruckes, weil, wenn der
Sünder zur Erkenntniss seiner selbst kommt, er merkt, dass
er nicht nur in concreto und eigenschaftlich, sondern auch
abstract und substantivisch ein Sünder sei, d. h. er scheint
sich nicht nur verderblich, sondern das Verderben selbst, nicht
allein ein Sünder und ein Verfluchter, sondern die Sünde und
der Fluch selbst; wie es in der lateinischen Sprache ist, wenn
man Jemanden als einen besonders verbrecherischen Menschen
bezeichnen will, nennen wir ihn selbst „Verbrechen". Denn es
ist eine sehr schwierige Sache, die Sünde, den Zorn Gottes,
den Fluch und Tod zu tragen" etc. etc.

Der Leser vergleiche zu dem Obigen noch die Enarratio
Luther's zu Psalm 22, 2, woselbst die Worte: „Mein Gott,
mein Gott, warum hast Du mich verlassen?" ausgelegt werden.
Luther sagt: „Kein Mensch weiss, was es sagen will, von Gott
verlassen zu werden. Das menschliche Herz kann es nicht
fassen, es ist zu eng dazu. Denn von Gott verlassen werden,
heisst von Allem verlassen werden, was Gott ist — von Leben,
Weisheit etc." In diesem Worte also ist das „Verlassenwerden"
das höchste Leiden, dass Er Christum stecken lässt in Schuld,
Sünde, Thorheit etc., dass er überlassen sei der Hand des
Teufels (nach Psalm 8, 6). Da hat denn der Teufel (das)
Zublasen, dass er ihn in Verzweiflung bringe. Den Affectus
des Leidens können wir nicht erleiden; er muss mit uns säuber-
licher umgehen. Christus selbst aber hat solches für uns
erlitten.

(Erl. Ausgabe der Werke Luther's, Theil XVII, S. 182.)

# INHALT.



K. k. Hofbuchdruckerei Carl Fromme in Wien.